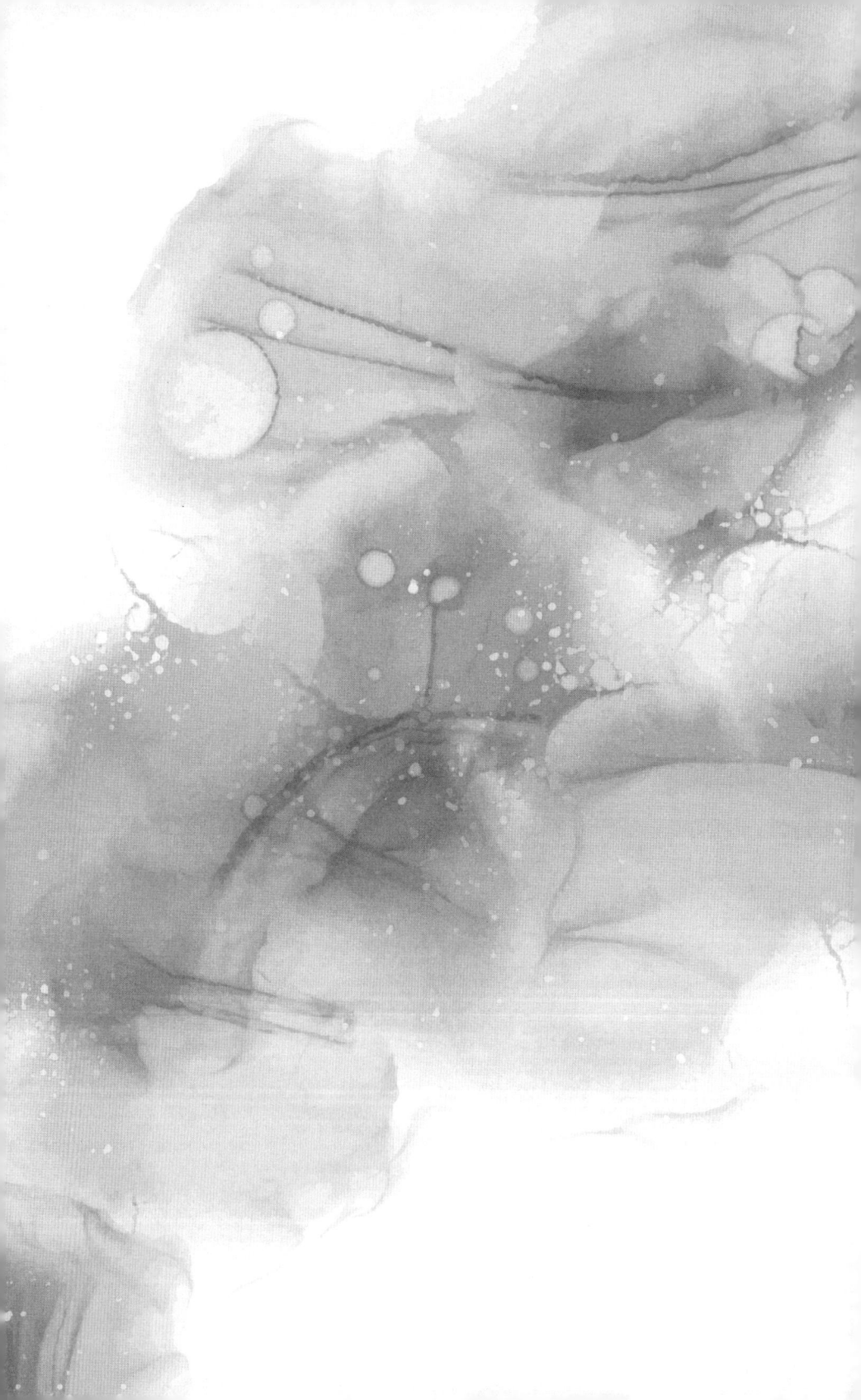

나이가 들었다는 착각

끝이 아니라 새로운 시작을
준비해야 하는 당신에게

나이가 들었다는 착각

이병민 지음

BOOKER

들어가며

받는 삶이 아닌 주는 삶으로

　인생 전반기 삶의 대부분은 여기저기서 혜택을 받고 살았다. 세상에 태어나서 성장하기까지 부모님의 무조건적인 사랑으로 성장했고 사회에 진출하기 전까지 학교라는 울타리 안에서 선생님들의 헌신적인 가르침의 혜택으로 철이 들었고 인생을 살아가기 위한 교육을 받았으며, 사회로부터 규범과 의무를 배웠다. 또 결혼하고 나서는 아내의 헌신적인 내조의 덕분으로 살았으며 자녀들이 성장하는 과정에서 행복이 무엇인지를 알게 되었다. 따지고 보면 모두가 혜택과 지원을 받은 것뿐이지 내 것을 내어 주고 살아 본 시간은 아주 적었다. 다시 말해 오랜 시간 빚진 자의 삶을 살아왔다.

　인생의 후반기에는 받는 삶이 아닌 주는 삶을 살아야 한다는 생각을 늘 해 왔다. 여러 방법이 있었겠지만 직접 현장에서 땀을 흘리는 것이 더 큰 의미가 있겠다는 생각으로 하고 싶은 분야의 공부를 더 하기로 했다. 사회복지학을 공부하면서 지역사회에서 많은 노인들과 장애우들과 함께하는 자원봉사를 5년여 동안 병행할 수 있었던 것은 큰 행운이었다. 새로운 사람들을 만나는 계기가 되었고 많은 성찰의 시간을 갖는 계기가 되었다.

노인복지의 현장에서 일하는 동안 어르신들을 상담하면서 대화를 많이 했다. 나름대로 교육과 상담업무를 주로 했다고는 하나 따지고 보면 어른들에게 배운 것이 더 많았다. 어려운 시대를 살아온 그 어른들의 삶이 곧 교과서였고, 그들이 살아온 역사가 곧 내가 살아야 할 미래가 되었다. 현장에서 십수 년 동안 어른들과 생활하면서 나누었던 이야기들, 또 어른들에게 들은 이야기들을 정리하는 동안 내내 참 행복했다. 내 인생에서 다시 경험하지 못할 이야기들이고 깨달음의 이야기이며, 한 과정을 거치고 다시 시작하려는 사람들에게 해 주고 싶었던 이야기를 쓰고자 노력하였다.

부족한 글들을 정리하도록 큰 용기를 준 아내 김현숙과 이제는 잘 성장하여 늘 든든한 지원군이 되어 주는 아들과 딸 그리고 투박한 글에 예쁜 새 옷을 입혀 세상에 내보내 준 책들의정원 관계자 여러분께 감사의 말씀을 전한다.

2025년 봄, 이병민

차례

들어가며: 받는 삶이 아닌 주는 삶으로 4

1부　　　　　　　　　　　　　　　　　　내 삶의 리더는 나

은퇴란 바퀴를 바꾸는 일 12 ｜ 누구나 아는 말 15 ｜ 화를 내면 내가 다친다 17 ｜ 감사 공부 20 ｜ 운명은 내 손안에 23 ｜ 청바지와 합격 사과 25 ｜ 내 마음은 열심인가, 욕심인가? 28 ｜ 길 위에 소가죽 깔기 31 ｜ 우리를 끌고 가는 힘 34

2부　　　　　　　　　　　　　　　　　인생의 즐거움 만끽하기

걱정의 96%는 쓸모없는 것 40 ｜ 천국에는 은행이 없다 43 ｜ 스트레스를 연료 삼는 방법 46 ｜ 행복은 상식순이 아니다 49 ｜ 비교하지 않기 52 ｜ 어느 노승의 거울 치료 55 ｜ 감사가 불러오는 변화 58 ｜ 갖는 것이 아니라 누리는 것 61 ｜ 마음으로 몸을 치유한다고? 64 ｜ 마음만 고쳐먹어도 67 ｜ 늘 편안한 얼굴의 비밀 70 ｜ 주문을 외워 보자 74 ｜ 나의 반응부터가 사건의 시작 78 ｜ 평범한 편안함이 곧 기적이다 81 ｜ 삶이 바다와 같은 이유는? 84 ｜ 빈둥지증후군 87

3부　지나온 길에 미래가 있다

해답은 나에게 있다 92 ｜ 무거우면 내려놓으세요 94 ｜ 당신은 왜 벽돌을 쌓고 있는가? 98 ｜ 욕심과 실수 101 ｜ 아버지, 죄송합니다! 103 ｜ 나눔과 배려의 아름다움 105 ｜ 어머님 은혜 108 ｜ 유능한 장관이 사직서를 낸 이유 111

4부　웰빙, 웰에이징, 웰다잉

우아하게 살다 가기 116 ｜ 내 손으로 만드는 삶의 품격 119 ｜ 최고의 내공이란? 123 ｜ 존경받는 어른의 다섯 가지 모습 126 ｜ 지옥으로 간 김 진사 129 ｜ 노벨문학상 작가와 황희 정승 132 ｜ 회복과 극복도 습관이다 135 ｜ 고통이란 보자기에 싼 보물 137 ｜ 내 생의 마지막 15분이 주어진다면 140 ｜ 가장 높은 곳에서 겸손했던 사람 143 ｜ 여전히 겸손이 덕목인 이유 146 ｜ 리더의 자격이 싹트는 곳 149 ｜ 나를 살리는 포용력 152 ｜ 당신은 언제 가장 행복했나요? 155

5부   내 편을 만드는 관계의 기술

맞장구로 리더 되기 160 | 기러기가 사람보다 낫다 163 | 반말만 안 해도 '꼰대' 탈출! 166 | 입술의 30초, 마음의 30년 169 | 사람을 품는 대화법 172 | 누구든 남에게 줄 수 있는 일곱 가지 175 | 채찍보다 강한 믿음 178 | 인생을 바꾼 편지 한 통 181 | 부드러움이 강한 것을 이긴다 184 | 남의 말 잘 듣기 188 | 겨울 철새의 다이빙 190 | 친절은 눈덩이를 굴리는 일 193 | 타인에게 줄 수 있는 가장 큰 선물 196 | 이름도 모르고 베푼 선의 198 | 참우정, 참사랑이란 202 | 선행은 릴레이가 된다 205 | 기브 앤 낫 테이크 208

6부   지혜로운 여생을 위하여

정답보다 아름다운 오답 214 | 삶의 부피와 삶의 질 217 | 마더 테레사 효과 220 | 하루하루의 커다란 가치 222 | 솔개의 놀라운 의지 225 | 모두에게 사랑받았던 이유 228 | 기내식 한 끼의 감동 231 | 세상의 셈법에서 벗어나기 234 | 누가 내 얼굴에 침을 뱉으면 238 | 어느 왕의 사랑 이야기 241 | 정말 핑계가 아닌가요? 244 | 참으로 어리석은 사람 247 | 만 리를 가는 사람의 향기 250 | 경기장에 뛰어들기 253

7부　　　　　　　　　　어제보다 세련된 오늘

초고령 사회 속 각자의 몫 258 ｜ 노년의 존재감 뽐내기 261 ｜ 잘 노는 법 264 ｜ 우리는 나팔을 손에 쥐었다 268 ｜ 경로당도 변화해야 한다! 272 ｜ 기댈 곳은 없다 276 ｜ 늙는 것보다 더 무서운 것은? 279 ｜ 새 시대 새 교육 283 ｜ 노년이라는 예술 작품 286 ｜ 장수가 축복이 되려면 289

1부　　　내 삶의 리더는 나

은퇴란 바퀴를 바꾸는 일

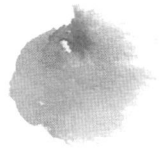

누구에게나 은퇴는 찾아온다. 그런데 은퇴를 바라보는 시선이 각자 다르다. 모든 것을 잃은 것처럼 절망하고 신세 한탄을 하는 사람이 있고 은퇴를 새로운 기회로 보는 사람이 있다. 내 주변에도 직장에서 40여 년을 근무하고 회사 중역으로 은퇴한 사람, 직업군인으로 재직하다 예편한 사람, 교사로 30년 이상 장기 근무한 사람, 공무원으로 40년 가까이 근무하다 정년 퇴임한 사람 등 여럿이 있다.

중요한 것은 은퇴를 생각하는 관점이 어떠냐에 따라 은퇴 후의 삶이 전혀 다르다는 것이다. 은퇴를 잃는 것, 즉 상실의 관점에서 본다면 많이 힘들 수밖에 없다. 어린아이도 제가 가진 것을 빼앗기면 자지러지게 운다. 하물며 평생 해 온 일을 자신이 원하지 않는 때에 원하지 않는 방법으로 잃어버린다면 왜 아프지 않겠는가?

그러나 은퇴를 도리어 새로운 것을 얻는다는 관점으로 본다면 은퇴 후의 삶을 전혀 다르게 살 수 있다. 은퇴는 영어로 리타이어retire다. 나는 이 단어를 뜯어서 '바퀴를 바꾸다'라고 해석한다. 은퇴를 곧 정지, 탈락, 박탈이라고 여기는 것은 크게 잘못된 생각이다. 다만 방향이 바뀔 뿐이다. 은퇴는 사회적 탈락이나 후퇴가 아니고 전환이며 '터닝 포인트'다. 새로운 기회를 받았다고 생각한다면 오히려 긍정적인 동기를 찾을 수 있다.

나에게도 다름없이 은퇴라는 것이 찾아왔다. 나는 30여 년 출판 사업을 했고 이후 노인복지 관련 기관에서 14년간 근무했다. 둘 다 내가 무척 애착을 가졌던 일이고, 내 생활의 거의 전부라 해도 부족함이 없을 정도로 최선을 다했다. 나는 특히 어르신 모시는 일을 사랑했다. 그러나 떠나야 할 때를 아는 것이 '조직 문화에서 보여 줄 수 있는 마지막 충성'이라고 생각했다.

출판인이라는 자부심을 갖고 일했고, 어르신들과 동고동락하면서는 내가 어르신들보다 더 행복했다. 나는 내가 어르신들께 드린 것보다 훨씬 큰 사랑을 받았다. 한순간도 빼놓을 수 없을 만큼 소중한 시간이었다. 그러나 여기까지가 내 능력의 한계라는 것을 잘 알고 있기 때문에 후회 없이 은퇴했다.

삶에서 성공한 사람들은 단지 운이 좋았던 것이 아니다. 그들의 성공은 철저한 목표 설정과 눈물 나는 실천의 결과물이다.

각 분야에서 성공한 사람들에게서는 언제나 분명한 비전과 의도를 읽을 수 있다. 계획 없는 사업이나 건축, 전쟁은 불가능하다. 은퇴 이후의 삶도 되는 대로 그냥 맞이하는 것과 철저하게 계획안을 만들어 실천하는 것 사이에는 큰 차이가 있다. 그리고 이 차이는 내 인생 후반전의 삶의 질을 바꿀 수 있다.

은퇴 계획안은 내가 어떻게 기억되고 싶은가에서 시작해야 한다. 내 인생 후반전의 의미를 스스로 먼저 정해야 한다. 그래야 내가 실천할 일의 우선순위가 정해지고 내가 과연 어디로 갈 것인가를 구체적으로 나타내는 지도를 완성할 수 있다.

지금까지의 삶은 앞만 보고 달려온 전쟁의 삶이었다. 돈을 버는 일이 가장 중요했고 나의 삶보다는 다른 사람의 삶을 먼저 생각해야 했다. 내가 진실로 무엇을 좋아했고 무엇을 할 때 행복했던가를 생각해 볼 여유 없이 살아왔다. 그동안 우리의 머릿속에는 사회적으로 또 경제적으로 반드시 성공해야겠다는 마음이 가득했다. 모든 에너지를 여기에 털어 넣었다. 더 많은 존경과 더 높은 지위, 더 많은 부를 얻어야 한다는 생각뿐이었다.

사람이 나이를 먹는다는 것은 어쩔 수 없는 일이다. 은퇴도 반드시 찾아온다. 현실을 빨리 받아들이고 내 나름대로의 계획안을 마련한다면 나의 노년은 생각보다 더 빛날 수 있다. 젊음이 힘차고 찬란한 광채라면 은퇴 후의 삶은 온 세상을 아름다움으로 물들이는 석양과 같기 때문이다.

누구나 아는 말

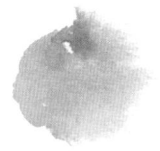

　지혜란 직접 보고, 듣고, 느끼지 못한 것들을 보고, 듣고, 느낄 수 있게 해 주는 힘, 사물 너머의 사물을 보고 마음 너머의 마음을 읽는 힘이라고 할 수 있다. 세종대왕 때 이조판서와 좌의정을 지낸 맹사성은 조선 시대를 대표하는 명재상이자 청백리의 상징으로 통한다. 그의 일화는 500여 년이 지난 지금도 우리에게 어른의 참모습을 가르쳐 준다.
　"사람 위에 사람 없고 사람 밑에 사람 없다. 내 비록 정승이지만 만백성이 곧 내 벗이 아니겠는가!"
　이런 말을 남긴 맹사성은 보기 드물게 19세의 젊은 나이에 과거 급제를 하여 파주 군수로 부임한다. 자만심이 가득하던 맹사성은 어떻게 하면 고을을 더 잘 다스릴 수 있는가를 더 배우기 위해 깊은 산중에 살고 있는 무명 선사를 찾아가 가르침을 구했다. 그러자 무명 선사는 나쁜 일을 하지 않고 좋은 일만 하면 된다는 뻔한 말을 했다.

"그런 말은 어린아이도 할 수 있는 말입니다."

장원급제한 사람을 무시하는 것 같아 기분이 상한 맹사성은 이렇게 말하면서 괜히 왔구나 하고 자리를 박차고 나가려 했다. 스님은 "누구나 다 아는 이야기지만 실천으로 옮기는 이는 세상에 별로 없지요. 이왕 여기까지 어렵게 왔으니 차나 한잔하고 가시지요." 하며 차를 따르는데 찻잔에 차가 가득 넘쳐 방바닥을 홍건하게 적셨다. 이것을 본 맹사성이 "스님, 찻잔에 물이 넘쳐 흐릅니다."라고 하자 스님이 답했다.

"찻물이 넘쳐 방바닥을 적시는 것을 알면서 어찌 지식이 넘쳐 인격을 망치는 것을 모르십니까?"

그 말을 들은 맹사성은 자기의 경솔함이 부끄러워져 급하게 방을 나오다가 문설주에 머리를 심하게 부딪혔다.

"어디서든지 머리를 낮추면 머리를 부딪힐 일이 없지요."

맹사성은 그 일로 큰 깨달음을 얻어 자만심을 버리고 겸손한 청백리가 되어 후대에 이름을 남기는 정승이 되었더란다.

겸손이란 거만하게 행동하지 않고 공손하게 머리를 숙이며 남을 높이는 덕을 말한다. 아울러 겸손은 자기의 유익을 따지지 않고 다른 사람을 먼저 생각하는 마음이다. 소탈함과 겸손은 위정자들은 물론 모든 어른들의 상징이어야 한다.

화를 내면 내가 다친다

화를 낸다는 것은 나의 마음속에서 일어나는 무의식적 습관이다. 화는 기본적으로 다른 사람과 나의 생각이 다를 때 내 생각이 옳다는 판단에서부터 생겨나는데, 이는 양날의 칼이 될 수 있다. 왜냐하면 화를 내면 상대방도 다치게 하지만 내가 더 크게 다칠 수 있기 때문이다.

우리가 세상을 살아가면서 화를 내는 이유를 가만히 생각해보면 대략 몇 가지로 정리할 수 있다. 내가 원하는 것이 제대로 되지 않았을 때, 내가 하는 말이 통하지 않았을 때, 신체적으로나 정신적으로 억압을 당할 때, 다른 사람과 비교당하거나 무시당할 때, 정도의 차이는 있지만 대부분 불같이 화를 내게 된다. 인간의 여러 감정 중 가장 다루기 힘든 것이 화라고 할 수 있겠다. 화는 순간적으로, 폭발적으로 일어나기 때문이다. 수양의 경지에 이르렸던 성인들조차 순간적으로 감정의 노예가 되어 마음을 다스리는 데 어려움을 겪을 만큼 조절하기 힘든 것이 화내는 감정이다.

화를 다스린다는 것은 내가 내 감정의 주인이 된다는 것이며 화가 났던 상황의 의미를 긍정적으로 의미를 바꾸는 과정을 말한다. 예를 들어 운전 중에 누군가 무리하게 끼어들었다면, '왜 끼어들어 나를 화나게 하지?'를 '얼마나 급한 일이 있으면 끼어들었을까?'로 바꾸는 과정이다. '왜 나를 화나게 했을까?'에서 '오죽했으면 그랬을까?'로 생각을 바꾸게 되면 그 상황을 이해하게 되고 화를 낼 이유가 없어진다. 화나는 감정을 조절한다는 것은 나를 위해서지 결코 상대방 행동의 정당함을 인정하는 것이 아니다.

신이 한 사람을 망치려 할 때 가장 먼저 화를 돋운다는 말이 있다. 분노의 불꽃을 활활 태우면 이성을 잃게 되고 이성적인 판단을 잃으면 상상할 수 없는 결과가 일어나는 것을 우리는 그동안의 삶에서 많이 경험했다. 자기 감정의 노예가 된다는 것은 불행한 일이다. 절대로 순간적인 감정에 휘둘리지 말고 마음속의 냉정함을 잃지 말자. 화가 난다고 의자를 걷어차면 결국 아픈 것은 나의 발이다.

감정에 휘둘려 실수하는 일을 줄이고 싶다면 이렇게 먼저 생각해 볼 것을 제안한다. 그러고 나서 화를 내도 늦지 않는다. 첫 번째, 이것이 정말 화낼 만한 일인가? 두 번째, 이런 상대에게 화를 낼 만한 가치가 있는가? 세 번째, 이런 상황에서 화를 낸다고 문제가 해결될까? 네 번째, 화내는 것 말고 다른 방법은 없을까? 다섯 번째, 그래도 꼭 화를 낼 만한 상황이라면 3분만 참았다가 내자. 자제력은 품위 있는 삶을 살기 위해 반드시 갖춰야 할 덕목이다.

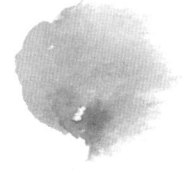

감사 공부

　무엇이 행복인가를 연구하던 어떤 사람이 연구의 답을 얻기 위해 몇 사람에게 물었다. 첫 번째로 매일 시간이 없어 죽겠다고 쩔쩔매는 사람에게 왜 바쁘게 사느냐고 물었다. 대답은 "행복하게 살기 위해서입니다."였다

　두 번째로 손대는 사업마다 잘되는 사람에게 왜 그리 정신없이 사느냐고 물었다. 그 역시 "남보다 더 행복하게 살기 위해서입니다."라고 답했다.

　세 번째로 현금과 땅을 많이 가지고 있는 사람에게 물었고, 그 역시 똑같이 답했다. 네 번째 사람은 나는 새도 떨어뜨릴 만큼 막강한 권력 쥔 사람이었는데 그는 행복하기 위해서는 한시라도 권력을 놓아서는 안 된다고 말했다.

　만족할 만한 답을 찾지 못해 더욱 답답해진 행복 연구가는

다른 부류의 사람들을 만나야 하겠다고 여기저기 수소문하여 해답을 줄 사람을 찾아 나섰다. 먼저 유명한 대학의 철학과 교수를 찾아가서 물었다.

"교수님! 행복이 무엇인가요? 가르침을 주십시오."

"저는 이렇게 머리가 하얗게 세도록 행복을 공부했지만 답을 찾을 수가 없었습니다."

그다음엔 유명한 목사님을 찾아갔다.

"목사님! 행복이 무엇인가요?"

"제가 목사가 된 지 30년이 되었습니다. 아직도 행복이 무엇인지 답을 얻으려고 기도하고 있지만 아직 하나님으로부터 응답을 받지 못했습니다."

앞날을 훤히 내다본다고 전국에 소문이 난 노승을 찾아가서 똑같이 물었는데 그의 대답도 이랬다.

"내가 중이 된 지 50년이 넘었는데 매일 새벽부터 이렇게 목탁을 두드려도 그것이 도대체 무엇인지 아직도 깨달을 수 없다오."

몇 년 전부터 나 역시 행복이 무엇인가에 관심을 가지고 공부해 보기로 했다. 행복은 멀리 있지도 않고 미래에 있지도 않다. 돈으로 살 수도, 훔쳐 올 수도, 투쟁해서 쟁취할 수도 없다는 것을 알 수 있었다.

결국 행복은 내 마음속에 있었다는 것을 깨달았다. 내가 행복하기 위해서는 행복에 대한 나의 가치관을 바꾸는 것이 정답이었다. 중요한 건 만족과 감사였다. 아무리 남들보다 조건과 여건이 좋아져도 나 스스로 만족하지 못하고 감사하지 못하면 절대로 행복할 수 없다는 것을 공부하는 동안 깨달을 수 있었다. 잘못했으면 영원히 행복이 무엇인지 모르고 죽을 뻔했다.

지금부터 12년 전 나는 책에서 오프라 윈프리Oprah Winfrey라는 불굴의 여인을 만나게 되었다. 하루에 감사한 일 다섯 가지 쓰기를 배웠고, 특히 어려움이 있을 때마다 더 열심히 썼다. 3,000번 정도 쓰는 동안 마음의 평정을 찾게 되었고, 나에게 행복의 조건들이 너무 많다는 것을 깨닫게 되었다. 지금은 1만 번 조금 넘게 썼다.

행복이 무엇인지 궁금한 사람, 나는 왜 이렇게 불행하기만 할까 자책하는 사람, 나는 아무것도 가진 게 없다고 한탄만 하는 사람에게 하루에 감사한 일 다섯 가지 쓰기를 권한다. 아니면 내가 지금 가지고 있는 것 100개 써 보기를 권한다. 그것이 건강에 관한 것이어도 좋고 가족에 관한 것이어도 좋다.

운명은 내 손안에

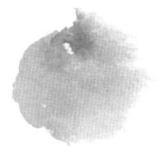

어느 깊은 산속에 스님 한 분이 살았다. 소문이 나기로는 아직까지 한 명도 그 스님의 말문을 막히게 한 사람이 없었다고 했다. 어느 날 고을에서 똑똑하기로 소문 난 청년이 스님을 시험해 보고자 하는 마음이 생겨, 새 한 마리를 가지고 스님을 찾아갔다. 청년은 스님에게 이렇게 물었다.

"스님! 제가 지금 새 한 마리를 주머니 속에 가지고 있는데 이 새가 살아 있는 새입니까? 아니면 죽은 새입니까?"

청년은 스님이 살았다고 하면 새의 목을 눌러 죽이고, 죽었다고 하면 날려 보낼 생각이었다. 스님이 웃으면서 대답했다.

"이보게 젊은이! 그 새의 생사는 자네 손에 달려 있는 게지, 내 입에 달려 있는 게 아니지 않겠는가!"

스님의 지혜에 감탄한 청년은 새를 하늘 높이 날려 보내며 그 자리에 엎드려 배움을 청했다.

"예전에 나는 아무것도 모르는 철부지였다네. 그러나 열심히 공부하고 깨달음을 얻고자 정진하였더니 지혜가 생기기 시작하더군. 그런데 자네는 나보다 더 지혜로운 사람이 될 것 같구먼!"

얼마 후 청년은 아주 슬픈 얼굴로 스님을 찾아와 이렇게 말했다.

"얼마 전에 저희 부모님께서 용하다는 점쟁이한테 점을 보셨는데 제 팔자가 엉망일 거라는 말을 듣고 많이 실망하고 계십니다. 그리고 저에게 눈길도 주지 않고 저를 포기하신 것 같습니다."

스님이 청년의 손을 잡아당겼다.

"내가 손금을 조금 볼 줄 아는데 어디 좀 보세! 이것은 생명선, 이것은 사업선, 이것은 결혼선, 이것은 재물선이라고 한다네. 이제 손을 꼭 쥐어 보게."

청년은 스님의 말대로 주먹을 쥐었다.

"젊은이! 자네 생명선, 사업선, 결혼선, 재물선이 지금 어디 있는가?"

"제 손안에 모두 있네요!"

"그렇지! 자네의 운명은 바로 자네 손안에 모두 있는 것이지, 다른 사람의 입에 있는 것이 아니라네. 다른 사람으로 인해 운명을 쉽게 포기하지 말고 스스로 자네 운명을 개척하면서 만들어 나가야 한다네. 그게 바로 희망이라는 것일세."

청바지와 합격 사과

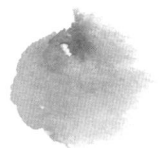

'교토삼굴狡兎三窟'이라는 말을 들어 본 적 있는가? 연약한 초식동물인 토끼는 다른 힘센 동물이 흔히 노리는 사냥감이다. 교토삼굴은 영민한 토끼가 자기 몸을 천적으로부터 보호하기 위해 3개의 굴을 만들어 위기에 대비한다는 뜻인데, 이는 앞만 보고 무조건 달리는 우리에게 큰 깨달음으로 다가온다.

미국 샌프란시스코는 170여 년 전에 금광이 많이 발견되어서 전국에서 사람들이 금을 캐기 위해 모여들었던 지역이었다. 광부들은 일을 마친 저녁이면 식당에 모여 식사하고 술을 마셨다. 그들은 천이 약해 쉽게 해지는 작업복 바지를 꿰매곤 했는데, 매일 저녁 그 모습을 식당 한쪽 구석에서 유심히 쳐다보는 사람이 있었다. 그 사람의 이름은 리바이 스트라우스Levi Strauss였는데, 군용 천막을 만들어 군대에 납품하는 사업가였다. 그는 군대에서 주문받은 많은 양의 천막을 제작해 놓고 납품을 준비하고 있었다. 그런데 피치 못할 사정으로 갑자기 계약이 파기되어 알거지가 될 위기에 봉착하게 된다. 상심에 젖어 매일 저녁 술집을 찾는 중이었던 리바이는 광부들을 보고 기가 막힌 아이디어를 떠올렸다.

'이 천막용 천으로 작업용 바지를 만든다면 절대로 해지지 않겠구나!'

리바이가 못 쓰게 된 천막으로 만든 바지는 광부들로부터 큰 호평을 얻었고 리바이의 회사 '리바이스'는 작업용 바지를 만드는 제조사로 전환하여 큰돈을 벌게 되었다. 이것이 지금도 널리 입는 청바지의 유래다.

1990년대 초 사과 재배지로 널리 알려진 일본의 아오모리현에 초속 50미터가 넘는 태풍이 불어닥쳤다. 수확을 얼마 남겨두지 않은 사과밭이 쑥대밭이 되고, 전체 작물의 90%가 바람에 떨어져 한 해 동안 온 힘을 다해 사과를 재배해 온 농부들은 비탄에 빠졌다. 하늘을 원망하고 삶을 포기하는 사람도 나오기 시작했다.

그때 젊은 농부 한 사람이 떨어지지 않은 10%의 사과에 '합격사과'라는 상표를 붙여 시장에 내놓았다. 보통 사과보다 10배 이상 비싼 가격에도 이 사과는 불티나게 팔렸다. 엄청난 위력의 태풍에도 견딘 사과라고 대대적으로 홍보하자 수험생들에게 폭발적인 인기를 얻었던 것이다. 결과적으로 그는 평년보다 몇 배나 더 많은 수익을 올렸다. 그 이후 '합격 사과'는 일본에서 큰 브랜드로 성장했다. 우리나라 백화점에서도 이 합격 사과를 잠시 판매한 적이 있다.

성공하는 사람과 실패하는 사람들은 생각의 구조가 다르다. 성공하는 사람들은 대부분 무슨 수를 쓰더라도 목표를 이루는 근성이 있다. 절대로 포기하지 않는다. 반면 실패하는 사람들을 보면 조금만 어려워도 쉽게 좌절하고 포기하는 특성이 있다.

대다수 사람들은 플랜 A에만 집중하고 산다. 플랜 B도 있고 플랜 C도 분명히 있을진대, 그것을 염두에 두지 않고 사는 사람들이 많다. 그러나 어찌 한라산 정상에 오르는 코스가 하나밖에 없겠는가? 어찌 부산 가는 길이 경부고속도로밖에 없겠는가?

나의 일과 나의 삶 속에서 플랜 A는 무엇이고 플랜 B, 플랜 C는 무엇인가? '교토삼굴'이란 말이 다시금 의미심장하게 다가온다.

내 마음은 열심인가, 욕심인가?

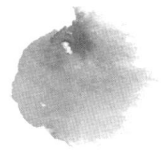

우리는 이미 행복하게 살고 있으면서 그 사실을 모르고 막연한 행복만을 추구하고 살고 있다. 나는 5~6년 전부터 행복에 관련된 세미나도 참석해 보고 강의도 찾아 듣고 책도 나름대로 많이 보았다. 행복에 관련된 문장이며 정의를 메모한 것이 600개나 된다.

우리나라는 60여 년에 걸친 급속 경제성장에 가려 자라나는 후손들에게 진정한 행복이라는 것을 따로 가르치지 못했다. 워낙 어렵게 살던 민족이다 보니 육체적으로 힘든 일 안 하고 배부르게 사는 것을 행복이라고 정의했다. 오죽하면 피땀 흘려 농사일을 해서 가르친 자식이 힘든 일 안 하고 회전의자에 앉아 사람을 부리는 것을 최고의 출세라고 말했던 시절도 있었다. 권력을 잡아 닥치는 대로 호령하고 수단과 방법을 가리지 않고 자기들이 원하는 것을 갖는 것을 행복이라 했고, 지금도 그런 걸 두고 성공이라고 일컫는다. 선과 악, 윤리, 도덕이 실종된 지 오래되었다. 행복이란 것이 새로 정의되어야 하고 이제라도 자라나는 세대에게 올바르게 가르쳐야 한다.

미국에서 널리 알려진 한 부자가 멕시코를 여행하던 중 작은 어촌에 호화스러운 요트를 세워 놓고 해변을 거닐고 있었다. 그러다가 물고기를 잡다 말고 기타를 베고 누워 책을 보고 있는 청년을 발견하곤 물었다.

"왜 젊은 사람이 열심히 고기를 잡으려 하질 않소?"

청년이 대답했다.

"네, 오늘 우리 가족들이 먹을 물고기를 충분히 잡았습니다."

"젊었을 때 빈둥거리지 말고 고기를 열심히 더 잡으면 나처럼 부자가 되질 않겠소!"

"그렇게 해서 부자가 되면 무엇이 좋습니까?"

청년의 질문에 부자는 한심하다는 듯이 말했다.

"한 30년 동안 열심히 일해서 부자가 되면 편안하고 한가로운 삶을 즐길 수 있지 않겠소? 그러면 모든 사람이 부러워하고 우러러볼 거요!"

부자의 빈정거리는 말에 젊은 어부가 이해할 수 없다는 듯이 말했다.

"제가 지금 그렇게 하고 있지 않습니까? 무엇 때문에 모든 것을 포기하고 온종일 일을 해야 하는데요?"

　이 청년은 부와 명예를 남보다 더 많이 가져야 행복하다고 생각하지 않았던 것이다. 우리가 고통 속에 살고 있는 것은 거의 다 욕심 때문이다. 돈 욕심, 명예 욕심, 남에게 행복하게 보이려는 욕심…. 바로 이런 것들이 우리를 행복하지 못하게 한다.

　내가 너무 당연하게 하고 있는 무언가가 어떤 이에게는 간절한 기도로 얻고 싶은 일이라는 것을 곰곰이 생각해 보자. 반대로 말하면 그 누군가가 간절히 바라고 있는 소원들을 나는 다 이루며 살고 있다. 그리고 누군가가 간절히 원하고 있는 기적들을 지금 나는 다 체험하고 있다.

길 위에 소가죽 깔기

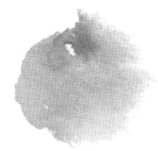

　세상을 살다 보니 생각이 부족한 사람들은 어떻게 해서라도 세상을 바꾸려고 애를 쓰지만 현명한 사람들은 바뀌지 않는 세상보다 먼저 자기 자신을 바꾸는 것을 보았다. 후자의 삶을 사는 사람들의 삶의 만족도가 높은 것 역시 알 수 있었다.
　아주 먼 옛날 어느 나라에 불편함을 조금도 참지 못하고 무슨 일이든 무조건 신하들에게 시키는 왕이 있었다. 신발을 아직 신지 않았던 시대라 왕은 외출할 때마다 길에 울퉁불퉁한 돌들이 많아 발이 아프고 상처가 난다고 투덜거렸다. 그리고 신하들에게 걸어도 발이 아프지 않을 방법을 가져오라고 명령하였다. 특별한 방도가 없어 애태우던 신하들에게 나이가 지긋한 어느 노인이 방법을 귀띔해 주었다.
　얼마 후 왕이 다니는 모든 길에 소가죽을 깐다는 소문이 전국에 퍼졌고 얼마 지나지 않아 온 나라의 소가 남아나질 않게 되었다. 곧 백성들의 원성이 높아지고 폭동이 일어날 지경이 되었다. 나라 안의 소를 다 잡은들 모든 길에 소가죽을 깐다는 것은 도저히 불가능한 일이었다. 왕의 황당한 명령으로 온 나라 안이 뒤숭숭해지자 어떤 현인이 왕 앞에 가서 이렇게 고했다.

"왕이시여! 온 땅을 소가죽으로 덮는다는 것은 도저히 불가능한 일이고 백성들도 못살게 하는 노릇이니 폐하의 발을 소가죽으로 잘 싸고 다니면 돌부리도 차지 않고 발에 상처도 나지 않을 것이옵니다."

이 말을 들은 신하들과 왕은 동시에 무릎을 쳤다. 이렇게 해서 구두가 생기게 되었다고 한다. 내가 처한 환경과 여건이 왜 이리도 안 좋은가? 왜 세상의 온갖 고통은 나에게만 닥칠까? 왜 나는 시험에 떨어지고 직장도 구해지지 않을까? 왜 나를 만나는 사람들마다 나를 싫어할까? 나는 왜 무엇을 해도 되는 일이 없을까?

이렇게 말하는 사람들을 가만히 보면 평소에도 생각과 대화가 거의 부정적이다. 누구 때문이고, 무엇 때문이라는 말을 입에 달고 산다. 이런 사람들이 길에 가죽을 깔아야 된다고 주장하는 사람들이다. 좀처럼 자기 생각을 바꾸지 않는 사람들이다.

주변에 보면 온통 길에 빨간 가죽을 깔아야 된다는 사람, 검은 가죽을 깔아야 된다는 사람들만 많지, 가죽으로 발을 싸자고 하는 사람들이 없다.

온 나라가 뒤숭숭하다. 사람들은 양 패로 갈라져 서로 탓할 뿐 새로운 구두를 만들어 신자고 제안하는 사람들이 없다. 안보도, 경제도 생활의 질도 관심이 없다. 심지어 어떤 사람은 법을 위반해 놓고 법이 잘못되었으니 빨리 법을 뜯어고쳐야 한다고 목이 터져라 소리만 지른다. 그 많던 똑똑하고 현명한 사람들은 도대체 어디에 숨었는지 도통 찾을 수가 없다. 사회에서 어른이 사라진 지 오래다.

세상을 바꿀 수 있는 것은 각자의 마음이고 생각이다. 우리에게 필요한 것은 구두 한 켤레다. 처음부터 새로 시작해 보면 어떨까? 세상에 평탄하기만 한 길은 아무 곳에도 없다. 해결할 방법은 시대에 맞는 구두를 만드는 지혜에서 찾을 수 있다. 어리석은 사람은 자기가 현명하다고 생각하지만, 정말로 현명한 사람은 자기가 어리석다는 것을 알아차리고 구두를 빨리 만들 수 있는 사람이다.

우리를 끌고 가는 힘

2024년 12월 항공기 사고 이후, 목포에 사는 한 청각 장애인 부부의 봉사 이야기가 온 국민에게 감동을 주고 눈시울을 뜨겁게 했다. 사고 직후 이 부부가 현장으로 달려가 커피며 생강차, 쌍화차, 생수 등을 매일 수백 명분씩 준비하여 졸지에 가족을 잃고 울부짖는 유가족들과 구조대원들에게 아무 말 없이 묵묵히 나누어 주었다는 이야기다. 이 부부 곁에는 이런 글을 쓴 메뉴판이 있었다고 했다.

"저희는 소리를 듣지 못합니다. 손동작으로 말씀해 주시면 필요한 것을 드리겠습니다."

사고 당일부터 몇몇 자원봉사 단체들이 사고 수습 대원과 피해자 가족들에게 떡국을 준비해서 제공했다는 이야기도, 사랑의 밥차를 운영하는 단체의 회원들이 같이 오열하며 식사 지원을 했다는 이야기도 우리의 가슴을 뭉클하게 만들기에 충분했다. 전국 각지에서 한달음에 달려온 자원봉사자들의 자발적인 봉사와 나눔의 손길은 유가족들에게 큰 위로가 되었으며, 지역 사회의 따뜻한 연대와 협력의 힘을 보여 주기에 충분했다.

2007년 12월, 충청남도 태안 앞바다에서 발생한 기름 유출 사고는 대한민국 역사상 가장 심각한 재앙 중 하나였다. 당시 1만 2,000톤의 원유가 유출되었고, 이는 해양생태계와 지역 경제에 막대한 피해를 주었다. 하지만 이를 극복하기 위해 온 국민이 나서서 자발적인 봉사를 한 이야기는 그 당시 세계적으로 화제가 되기도 했다. 남녀노소 할 것 없이 전국에서 태안 바닷가로 몰려가 맨손으로 기름을 일일이 닦아 내며 전 국민이 하나가 되었다. 참여하지 못한 국민들은 구호 물품이며 성금을 모아 전달하기도 했다.

전국에서 몰려온 학생들이 추운 겨울에도 몸을 사리지 않고 차디찬 바닷바람 속에서 돌을 닦았다. 기름으로 새까매진 한 학생의 손자국을 어느 사진작가가 찍었는데 '천사의 날개'라는 이름이 붙어 세계적인 토픽이 되기도 했다. 그 사진은 전 국민에게 감동을 준 것은 물론 두고두고 국민들의 헌신과 연대의 상징이 되었다.

우리나라는 역사적으로 나라가 어려움에 처할 때마다 백성들이 나서서 해결한 사례들이 많았다.

임진왜란, 일본의 침략으로 나라가 풍전등화와 같이 위기에 처했을 때 곽재우, 고경명 등 몇몇 의병장을 따라 전국 각지에서 의병들이 일어나 조총으로 무장한 왜병들을 몸으로 막아 내는 투혼을 발휘했으며 이때 수많은 민중이 희생되었지만 결국 이 나라를 지켰다.

청나라의 침입으로 왕과 조정이 남한산성에 고립되었을 때도 민중들이 끝까지 저항했으며 조선 말기, 외세의 침탈과 탐관오리의 악랄한 수탈로 나라의 미래가 한 치 앞도 보이지 않았을 때 동학농민군이 전국에서 일어나 부패한 조정을 개혁하고 국권을 지키고자 했다.

3·1운동은 민족의 주권을 빼앗긴 상황에서 온 백성이 참여한 대규모 독립운동이었다. 학생, 농민, 머슴, 상인 등 다양한 계층이 비폭력 평화 시위를 통해 독립 의지를 세계에 알렸고 이는 이후 상해 임시정부가 설립되고 독립운동이 활발하게 전개되는 계기가 되었다.

IMF 외환 위기 때는 집에서 금붙이를 들고 나와 나라를 살리려는 의지를 불태웠던 민족이 바로 우리 민족이었다. 이처럼 셀 수 없이 많은 사례들은 우리 민족이 어떠한 고난 속에서도 단결과 저항의 정신을 통해 수많은 위기를 극복해 온 역사를 잘 보여 준다.

작금의 우리나라 상황이 많이 어렵다. 우리의 역사가 그러했

듯이 권력을 잡은 자들이 난세를 해결한 적이 없다. 모두가 제 살길 찾기에 몰두했을 때, 힘이 없어 보였던 민초들이 불굴의 힘으로 우리나라를 지켜 왔다. 이제 온 국민이 힘을 합할 때다. 온 국민이 자기의 본분을 지키고 국민 한 사람 한 사람이 어려운 곳에 힘을 모을 때가 바로 지금이다.

2부 인생의 즐거움 만끽하기

걱정의 96%는 쓸모없는 것

"걱정한다고 해서 걱정이 없어진다면 걱정이 없겠네."

티베트의 속담이다. 사람은 하루에 1만 7,000여 가지의 생각을 한다고 하며, 그중 85% 이상이 부정적인 생각이라고 한다. 그중에서도 근심과 걱정이 반 이상을 차지하는 것으로 나타났다.

우리는 고작해야 100년 살면서 1,000년의 걱정을 다 안고 산다. 지나는 걱정은 병이 되어 사람을 고통스럽게 하고 그 병은 때때로 사람을 죽음에도 이르게 할 만큼 심각해지기도 한다. 그런데 우리가 걱정하고 근심하고 있는 것을 가만히 들여다보면 대부분 지난 일이나 전혀 일어날 가능성이 없는 황당한 일인 경우가 많다.

또 근심 걱정은 부정적인 생각, 부정적인 말로부터 시작한다. 주변을 돌아보면 긍정적이고 매사 적극적인 사람들은 걱정과 근심 불안을 쉽게 극복해 낸다.

　캐나다의 세계적인 작가인 어니 젤린스키Ernie Zelinski가 《느리게 사는 즐거움》이란 책에서 한 말에 따르면 걱정의 40%는 절대로 실제로 일어나지 않는다. 즉 쓸데없는 걱정이다. 나머지 걱정의 30%는 이미 일어난 일에 대한 것이다. 현실에 아무 영향을 끼치지도, 도움을 주지도 않는다. 걱정의 22%는 지극히 사소한 일이며 무시해도 될 만한 일이다. 걱정의 4%는 나의 힘으로는 어쩔 도리가 없는 일에 대한 것이다. 걱정한다고 해결될 일이 아니다. 따라서 우리가 걱정하고 근심하는 것의 96%는 부질없는 이야기이고, 고작 4%만 걱정을 해서 바꿀 수 있는 일이다.

　자기계발서의 대가인 데일 카네기Dale Carnegie는 근심과 걱정이란 내일의 먹구름으로 오늘의 햇빛을 가리는 일이라고 말하며, 근심 걱정을 이겨 내는 4단계를 제시했다. 1단계는 걱정하고 있는 것을 글로 써 보는 것이다. 무엇 때문에 걱정이 되는지 사실대로, 순서별로 나열해 본다. 2단계는 내가 그 걱정을 해결하기 위해 무엇을 할 수 있는지 써 보는 것이다. 3단계는 써 놓은 것 중에서 무엇부터 시작해야 할지 우선순위를 정한다. 4단계는 실행이다. 걱정하는 것, 그 안으로 들어가면 대부분 스스로 해결할 수 있는 일이다.

　인간의 뇌는 우리의 상상과 현실을 잘 구분하지 못한다고 한다. 계속해서 같은 상상을 하면 뇌는 그것을 현실로 인식한다.

실패하면 어쩌나 하고 계속해서 그 생각만 하고 있으면 그 걱정이 곧 현실이 될 확률이 높다. 성공해서 기뻐하는 모습을 계속해서 생각하고 거기에 맞는 행동을 해 본다면 거의 그렇게 될 확률이 높다.

가슴에 뜨거운 것을 안고 있는데 그것에 데지 않으려면 놓아 버리면 된다. 놓지 않고 그대로 계속 가슴에 안고 있으면서 뜨겁다고 소리쳐 봐야 소용이 없다. 불안, 초조, 걱정, 근심을 놓지 않은 채 편안함을 찾으려 하면 도저히 방법이 없는 것이다.

울화병을 해결하는 방법은 그 병의 원인을 찾아 그것을 내려놓는 방법밖에 없다. 어떻게 그럴 수 있을까? 똑같은 상황이더라도 바라보는 시각을 달리해 그 의미를 전환하거나, 독서, 명상, 운동 등을 통해 의식을 전환하는 것도 좋은 방법이다. 걱정해도 소용없는 걱정에서 우리를 스스로 해방시키자! 그것이 마음의 평화를 얻는 가장 가까운 길이기 때문이다.

천국에는 은행이 없다

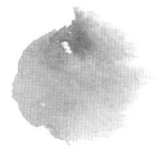

1945년 광복 이후 수십 년간 근면, 인내, 성실, 절약이 미덕이라는 수단적 가치관이 우리나라의 정신세계를 지배했다. 그 인고의 세월 덕분에 대한민국은 눈부신 경제 발전을 이루어 세계 10위권의 경제 선진국으로 거듭났다. 세계 어디서도 유례를 찾아볼 수 없는 일이다.

영국이나 독일 등 유럽 선진국에서 300여 년에 걸쳐 경제 성장을 이룩한 것에 비유하면 우리나라가 60여 년 만에 선진국 대열에 합류했다는 사실은 실로 엄청난 일이다.

안타까운 것은 짧은 기간 급격한 성장으로 눈부신 경제 성장은 이룩했으나 우리는 아직도 60년 전, 70년 전의 가치관에 갇혀 있다는 것이다. 어떻게 써야 하는지도 모르는 돈을 손에 움켜쥐고, 가지고 있는 것을 빼앗길세라 전전긍긍한다. 그러다 스트레스로 병들어 죽어 가는 사람들을 어렵지 않게 볼 수 있다.

그동안 우리나라를 발전시켰던 힘이 우리의 발목을 잡을 줄은 몰랐다. 우리나라 사람들은 재미있게 노는 것을 죄짓는 것처럼 생각한다. 논다고 생각하면 마음이 괜히 불안하다. 그러다 보니 신나게 노는 방법을 모른다. 누가 가르쳐 준 적도 배울 곳도 없었다. 기껏해야 술에 의존하여 소리 지르고, 큰 소리로 노래하고 떠드는 것을 잘 노는 것으로 착각하는 사람도 생겨났다. 심지어는 많은 돈과 시간을 들여 여행을 가서도 노는 방법을 몰라 술판을 벌이거나 고스톱 판을 간다.

우리는 국민소득 100달러 시대의 사고방식으로 3만 달러 시대를 살아가고 있다. 이제는 행복, 재미, 즐거움, 보람이라는 긍정적 가치관을 추구해야 할 때다. 잘 노는 것, 행복이라는 것, 내가 좋아하는 것, 보람을 느끼는 것을 새로 정의해야 한다. 행복하게 사는 법, 재미있게 사는 법을 새로 배워야 한다.

세상의 부와 명예만이 우리가 추구하는 목표가 돼서는 안 된다. 많은 것을 가졌음에도 즐겁지 않고 행복이 무엇인지 느끼지 못하는 것은 욕심 때문이다. 돈 욕심, 명예 욕심, 남보다 더 낫게 보이려는 욕심이 우리의 생각을 지배하고 있기 때문이다.

잘 산다는 것, 재미있게 산다는 것, 긍정적 가치관으로 산다는 것, 생각하기 나름이지만 이런 게 아닐까? 안 먹어 본 것 먹어 보기, 안 가 본 곳 가 보기, 안 해 본 것 해 보기, 그동안 내 것만 알았지 남에게 줘 본 적이 없다면 이제는 줘 보기, 작은 재미에 행복해할 줄 아는 연습 등. 이러한 것들은 모두 큰돈은 아니지만 돈이라는 것이 들어간다. 돈에 대한 개념도 바꿔야 한다. 가지고 있는 돈은 써야 내 돈이지 쓰지 않으면 내 돈이 아니다.

목사님한테 천국에 가면 은행이 있느냐고 물어봤더니 그곳에는 은행이 없다고 했다. 스님한테 극락에 가면 부동산이 있느냐고 물어봤더니 그곳에는 부동산이 없다고 했다. 이 세상의 부와 명예란 잠깐 모였다가 흩어지는 구름과 같다. 행복의 비결은 필요한 것을 얼마나 가지고 있는가가 아니라 불필요한 것에서 얼마나 자유로워져 있는가에 있다.

스트레스를 연료 삼는 방법

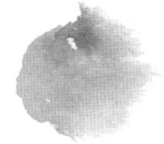

영국의 역사학자 아널드 토인비Arnold Toynbee가 그의 불멸의 저서 《역사의 연구》와 강연에서 자주 인용한 예화 중에 '물메기 이론'이라는 것이 있다.

영국 사람들이 가장 좋아하는 생선으로 알려진 청어는 영국의 북해 먼바다에서 주로 잡힌다. 그런데 성질이 급한 청어가 항구로 돌아오는 동안에 대부분 수조에서 죽어 버려 제값을 받지 못해 어부들은 항상 고민이었다. 죽은 청어는 살아 있는 것의 반값밖에 쳐주지 않기 때문이다. 그런데 어부 한 명이 아이디어를 내서, 잡은 청어를 보관하는 수조 속에 천적으로 알려진 물메기 몇 마리를 풀어놓았더니 잡아먹힌 청어는 얼마 안 되고 대부분의 청어는 물메기에 먹히지 않으려고 죽을힘을 다해 이리저리 피해 다니다 보니 유통될 때까지 살아남아 제값을 받았다는 것이다. 인류도 마찬가지였으니, 고대 문명도 척박한 환경 속에서 탄생했고 자연재해나 외세의 심각한 도전을 받는 과정에서 발전했다는 이야기다. 이 도전과 응전의 원리는 역사에서뿐만 아니라 우리의 삶 속에도 그대로 적용된다.

미국 애리조나주에는 세상의 낙원이라 일컫는 선 밸리Sun Valley라는 작은 도시가 있다고 한다. 그곳에는 자기 재산이 얼마인지도 잘 모르는 세계적인 부호 900여 명이 모여 산다고 알려져 있는데 모두 55세 이상 된 은퇴자들이라고 알려져 있다. 이곳은 상상을 초월할 정도로 호화로운 시설과 편안한 생활환경을 갖춘 곳으로 유명하다. 손가락 하나도 움직일 일이 없다. 힘들여 일할 이유도 없고 신경 쓸 일이 없으며 자동차 소음도 전혀 없다. 거주민들이 놀라지 않게끔 자동차도 시속 25킬로미터 이하로 달려야 된다는 규칙이 있다고 한다. 그런데 뜻밖에도 이곳의 거주민들은 치매를 비롯한 우울증 등의 발병률이 다른 주보다 훨씬 더 높았고 자살률도 훨씬 높다는 조사 결과가 나왔다.

여기에 대한 우리나라 의료인들의 연구 결과가 주목할 만하다. 많은 사람이 치매에 걸린 이유, 우울증 발병률이 높고 자살률이 높은 데는 다음과 같은 세 가지 이유가 있다고 한다.

첫 번째로 그들에게는 사람이 일상적으로 살면서 겪는 스트레스가 전혀 없었고, 두 번째로 생활을 하는 데 어떠한 불편함도 없었으며 몸을 움직일 아무런 이유가 없고 걱정할 일이 하나도 없었다. 세 번째로 생활의 변화가 전혀 없다 보니 아무런 희망을 가질 필요도, 삶에 필요한 목표도 없게 되었더란다. 그것이 오히려 결정적으로 병의 원인이 되었다고 했다. 그러다 보니 이곳에 와서 살던 사람들이 하나둘씩 원래 살던 곳으로 되돌아가게 되었다고 한다.

따지고 보면 행복하게 산다는 것은 아무런 걱정 없이 무조건 몸과 마음이 편안하게 사는 것보다 오히려 적당한 스트레스, 적당한 고민거리를 해결하는 과정과 해결 후의 보람과 성취감을 느끼면서 사는 것일지도 모른다. 고난은 오히려 축복이라는 생각이 든다. 내 감정을 조절하고 현실을 극복할 능력을 배양 할 수만 있다면 말이다. 나에게 시련이 닥쳤다면 그것이 바로 응전의 기회이며 도전의 기회다.

행복은 상식순이 아니다

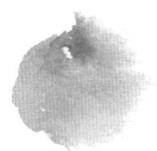

20세기 최고의 수필 헬렌 켈러Helen Keller의 《사흘만 볼 수 있다면》의 핵심을 요약하자면 다음과 같다.

"내가 사흘만 볼 수 있다면 첫날에는 나를 가르쳐 준 고마운 앤 설리번 선생님을 찾아가 그분의 얼굴을 보겠습니다. 그리고 아름다운 꽃들과 풀과 빛나는 저녁노을을 보고 싶습니다. 둘째 날에는 새벽에 먼동이 터 오는 모습을 보고 싶습니다. 저녁에는 영롱하게 빛나는 별을 보겠습니다. 셋째 날에는 아침 일찍 부지런히 출근하는 사람들의 활기찬 표정을 보고 저녁에 집에 돌아와 사흘간 눈을 뜨게 해 주신 신께 감사의 기도를 드리고 싶습니다."

광활한 유럽 대륙을 정복한 나폴레옹 황제는 죽을 때 그의 생애에서 행복한 날은 단 6일밖에 없었다고 고백했고, 지중해에서 인도까지 대제국을 건설한 알렉산더대왕은 관의 양쪽에 구멍을 뚫고 양손을 밖으로 내게 해서 결국 마지막에는 누구나 빈손이라는 것을 꼭 보여 주라고 당부하였더란다. 그러나 보고 들을 수 없었던 헬렌 켈러는 "내 인생에 행복하지 않은 날은 단 하루도 없었다."라고 말했다. 보통 사람들의 상식으로는 당연히 나폴레옹이나 알렉산더가 훨씬 더 행복했을 것이라고 생각하지만 행복의 기준은 생각하는 가치의 관점에 따라 달라짐을 배울 수 있는 소중한 교훈이 되는 이야기다.

1990년대 활발하게 활동하던 개그맨 이동우는 2003년 신혼의 단꿈에 젖어 있을 때 갑자기 시력을 잃어버리는 희귀병에 걸리게 되었다. 사랑하는 가족은 물론 주변 사람들을 전혀 알아볼 수 없었던 그는 깊은 좌절에 빠졌고 모든 희망을 잃게 된다. 악몽 같은 나날을 보내고 있던 어느 날 그의 딱한 사연을 어디서 들었는지 눈을 기증하겠다는 기증자가 나타났다. 큰 희망을 가지고 한걸음에 기증자를 찾아갔지만 이동우는 눈물을 흘리며 발길을 돌리고 만다. 왜냐하면 눈을 기증하겠다는 사람이 온몸을 쓰지 못하는 근위축증 환자였기 때문이다. 그 사람이 줄 것이라고는 두 눈밖에 없었던 상황이었다.

"나는 눈 하나만 잃었지만 그 사람은 모든 것을 잃고 눈 하나만 남았는데 어떻게 그걸 달라고 하겠습니까. 소중한 마음만 받겠습니다."

한 개를 가지면 두 개, 세 개를 가지고 싶은 게 사람의 욕심인데 이동우의 마음은 그렇지 않았던 것이다. 비록 시력을 잃었지만 아내가 끝까지 그를 곁에서 지켜 준 것이 그에게는 커다란 희망이었고, 다시 살아야 하겠다는 버팀목이 되었다고 했다. 그런데 얼마 후 살기가 힘든 상황에서도 생계를 이어가며 꿋꿋하게 힘이 돼 주었던 이동우 씨의 아내가 뇌종양을 앓다가 후유증으로 청력을 잃게 되고 자연히 아내가 운영하던 사업장마저 잃게 된다.

하늘이 무너져도 솟아날 구멍이 있다고 했던가! 그 와중에 부부에게 딸이 생겼고 그 딸이 또 살아가야 할 이유를 만들어 주었다. 이동우는 그에게 눈을 기증하겠다고 한 사람과 아내와 딸을 통해 참된 사랑이 무엇인지를 알게 되었고, 그 힘으로 그들 부부가 다시 세상으로 나올 수 있었다는 이야기다.

아침에 사랑하는 아내와 가족들이 건강하게 같이 눈을 떴다는 것에 감사하고, 자녀들을 위해 새벽에 감사 기도를 할 수 있어 감사하고, 해야 할 일이 있어 감사하다. 나에게 주어진 오늘 하루는 어제까지 살다가 세상을 떠난 이가 그토록 살고 싶어 하던 하루다. 하루하루를 귀하게 여기고 소중하게 사용해야 한다.

비교하지 않기

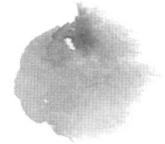

　우리가 지금까지 배우고 지향해 온 행복은 대부분 '상대적인 행복'이다. 내가 진정으로 바라고 원해서 이루는 '절대적인 행복'이 아니라 남과 비교해서 우월한 위치에 있고, 다른 사람이 갖지 못한 특권을 누리는 것을 행복이라고 착각하고 살아왔다.
　누군가에게 사랑받고 있을 때, 인정받고 있을 때 얻는 정신적인 안정감과 만족감은 행복한 삶의 기초가 된다. 이러한 만족감이 뇌 속에서 신경전달물질인 엔돌핀을 만들어 내게 되고 그로 인하여 생활의 의욕이 고취된다. 이런 과정을 거쳐 즐겁고, 기쁜 마음이 드는 상태를 행복이라고 재정의해야 한다. 우리가 세상을 살면서 절대적인 행복을 누리기 위해서는 다음과 같은 조건이 충족되어야 한다.
　첫 번째, 좋은 인간관계다. 친밀한 인간관계는 부정적인 정서를 줄여 줄 뿐 아니라 긍정적인 정서를 미리미리 키워 준다. 좋은 이웃은 최고의 보험이다. 믿고 의지할 사람이 있다면 행복의 가장 큰 보험을 든 셈이다. 좋은 인간관계를 맺기 위해서 제일 효과가 있는 것은 남을 돕고 배려하는 일이다. 마음이든 힘이든 지식이든 돈이든 남을 위해 사용할 때 관계가 단단해진다.

두 번째, 자율성이 필요하다. 무엇이 되었든 외부로부터 강요당하지 않는 삶이 행복한 삶이다. 행복의 본질이 자유인만큼 그 실천도 자유여야 한다.

세 번째, 의미와 목적을 갖춰야 한다. 한 연구에 따르면 많은 사람이 개인적으로 의미 있는 일이라면 월급의 30%만 주어도 행복하겠다는 의지를 보였다. 고통이 극복되는 과정을 보면 반드시 의미 발견의 순서가 존재한다. 고통에도 뜻이 있다는 점을 스스로 발견하면 고통이 더 이상 고통이 아니라 오히려 성장의 발판이 된다. 의미와 목적을 가진 사람은 고통을 이기는 두둑한 보험을 가진 셈이다.

네 번째, 재미있는 일을 해야 한다. 여기서 재미있는 일이란 새로운 지식과 지혜를 익히고 새로운 문제를 발견하고 해결하는 것을 뜻한다. "그 아이디어 재미있네!"라는 말이 일상이 된 일터에서 일하고 있다면 행복이 보장되어 있는 셈이다.

행복과 본능적인 욕구는 결이 다르다. 왜냐하면 욕구는 원하는 것을 소유했을 때의 만족감이 행복처럼 느껴지지만 그것을 상실했을 때는 불행으로 느껴지기 때문이다. 권력욕, 강자가 되고 싶은 의욕, 성욕, 이런 것들을 인생의 목표로 삼는 사람들은 소유의 노예가 되어 절대적 행복을 누리지 못한다.

절대적 행복이란 자기가 추구하는 가치를 실현하는 것이다. 아무리 큰 것을 얻었다 하더라도 자기가 추구하는 가치와 동떨어져 있으면 행복과는 거리가 멀다.

어느 노승의 거울 치료

　불교 경전 《화엄경》에 '일체유심조一切唯心造'라는 말이 나오는데 이 구절의 사전적 의미는 모든 현상이나 사물을 대하는 호불호가 스스로 마음먹기에 달려 있다는 뜻이다. 사람이 세상을 살다 보면 기분 나쁘고 화가 나고 슬프고 즐거운 것, 즉 희로애락喜怒愛樂의 모든 것이 자기가 생각하기에 달렸다는 말이기도 하다. "마음 한 가닥으로 천국과 지옥을 오고 간다."라는 옛말이 그런 게 아닌가 싶다.

　어느 고을에 어린 나이에 과거에 급제하여 고을의 원님이 된 젊은이가 있었는데 성격이 도도하기로 소문이 나 있었고, 모든 일을 힘으로 해결하려 하며 양민들을 이 모양 저 모양으로 괴롭히는 사람이었다.

　한편 깊은 산중에 속세를 떠나 도를 닦는 노승이 있었는데 그 스님의 명성을 듣고 원님이 찾아가 다짜고짜 천국과 지옥이 있다고 하는데 그 차이가 무엇이냐고 물었다. 그 태도가 너무나 건방져 노승은 거만하기 이를 데 없는 사또의 면전에서 이렇게 말했다.

"말해 줄 수는 있지만 내가 하는 말을 자네가 이해할 수 있을지 모르겠네!"

젊은 원님은 노승이 하대하는 말을 듣고 화가 단단히 났다. 그러나 깊은 산속까지 찾아온 목적이 있는지라 분을 애써 삭이고 노승에게 말했다.

"무례하기 짝이 없군요. 내가 누군지 알고 이러시오?"

목소리에 노여움이 아주 커서 금방이라도 노승을 해칠 것 같지만 노승은 깔보는 태도를 굽히지 않았다.

"자네는 특별히 대단한 사람은 아니지. 자네가 어리석어 그 사실을 모르고 있는 것 같네그려."

부하들 앞에서 망신을 제대로 당한 원님은 분에 못 이겨 몸을 부르르 떨었다. 노승은 한층 더 놀리는 말투로 말했다.

"허리에 찬 것이 검劍이라 부르는 물건인가? 내 눈에는 그것이 음식을 자를 때 쓰는 물건같이 보잘것없어 보이는군그래."

"무엇이라!"

젊고 패기가 넘치는 원님에게는 그보다 더한 모욕이 없었다. 원님이 당장 칼로 노승의 목을 칠 기세로 검을 뽑아 든 순간, 노승은 이렇게 말하였다.

"이보게 젊은이! 지금같이 자네의 화가 치밀어 올라 참을 수 없는 마음이 바로 지옥이라네. 스스로 다스릴 수 없는 그런 마음이 바로 지옥이라는 말이지!"

펄펄 뛰던 젊은 원님은 갑자기 크게 뒤통수를 맞은 것 같은 느낌이었다. 원님이 조용히 칼집에 칼을 꽂고 안정을 찾을 때까지 기다리던 노승은 다시 입을 열었다.

"지금 자네가 스스로 다스리고 안정을 찾은 그 마음이 바로 천국일세! 내가 내 마음을 다스릴 수 있을 때가 천국이고 내가 내 마음을 다스리지 못하고 화가 나를 다스릴 때가 지옥이라는 게야."

좋다. 싫다. 기쁘다. 즐겁다. 슬프다. 행복하다. 외롭다. 죽고 싶다. 불행하다. 이런 것들은 모두 본인 마음의 문제인 것이다. 내 마음을 내가 다스릴 수 있느냐 없느냐가 천국과 지옥을 가르는 것임을 알아야 한다. 분노를 참지 못하는 것, 욕심을 줄이지 못하는 것, 다른 사람을 미워하는 것, 스스로 불행하다고 생각하고 고민하는 것, 모두가 스스로 마음을 다스리지 못하는 데서 오는 것임을 알아야 한다.

감사가 불러오는 변화

누구와 누구 중 누가 더 행복한가를 순위 매기거나 평가하기는 어렵다. 행복의 정확한 요인을 파악하는 데 적용해야 할 변수들이 많고 다양하며, 행복이라는 감정 기준의 범위가 넓고 매우 주관적이기 때문이다. 더군다나 태어난 환경, 경험, 타고난 기질이 모두 다르기 때문에 행복을 일반화하기는 불가능하다고 생각한다.

어려서부터 누군가가 내게 꿈이 무엇이냐고 물으면 나는 '행복하게 사는 것'이라고 막연하게 대답했다. 그런데 소위 세상 사람들이 말하는 일류 대학이라는 곳에도 다녀 보고 큰 회사도 다녀보고 젊은 나이 때부터 사업을 해서 돈도 많이 벌어 보았지만 "그래 이것이 행복이구나!" 하는 감정을 느껴 본 적은 없었다.

성취감과 행복은 번지수가 다르다는 것을 이때 배웠다. 오히려 설정한 목표를 이루고 난 다음에 찾아오는 성취감 이후의 허탈감 때문에 여러 가지 부작용과 어려움을 겪은 기억이 생생하다.

20여 년 동안 하던 사업을 정리하는 과정이 정말로 힘이 들었다. 자존심도 상하고 몸과 마음이 지치고, 모든 것이 나를 떠나간 것 같이 느껴졌다. 내려놓는다는 것이 그렇게 힘든 것인 줄 몰랐다. 그렇게 힘든 시기를 보내고 있을 때 우연히 감사 일기를 쓰기 시작했다.

처음에는 이렇게 시작했다. '어떤 사람은 팔, 다리가 없어 아무것도 못 하는데 나는 팔, 다리가 멀쩡하여 무엇이든 다시 시작할 수 있어서 감사!' '자녀들이 아무 탈 없이 잘 자라고 있는 것 감사!' '늘 나를 응원해 주는 아내가 있어 감사!' '새벽마다 아들을 위해 눈물로 기도하는 어머니가 있어 감사!' 10년 넘게 쓴 감사 일기는 내 소중한 인생의 자산이 되었다. 3,000번 정도 썼을 때 비로소 내가 행복하게 살고 있구나 하는 생각이 들기 시작했다.

살아 보니 뚜렷한 목표를 세워 놓고 열심히 노력하는 삶의 과정이 행복이라는 것을 깨달을 수 있었다. 정상에 오르면 행복할 것이라고 생각했는데, 정상이란 곳에 올라가 보니 거기에 잠시 누릴 성취감과 쾌감은 있었지만 행복은 없었다. 어느 지점에서도 도착이 곧 행복이 되지는 않았다.

결국 행복은 밖에서 오는 것이 아니라 마음 안에서 일어나는 생각의 물결이었다. 내가 진짜 행복을 느꼈을 때는 내 것이 많을 때가 아니고 내가 좋아하고 아끼던 것을 함께 나눌 때였다. 그리고 나에게 주어진 것에 대한 감사하는 마음의 분량이 곧 행복의 분량이었다. 매사에 감사하는 만큼 행복했다. 일상의 감사한 것을 다 모으면 일생을 감사로 산 것과 같다. 그리고 불평하는 만큼 행복은 나에게서 멀어져 갔다. 나에게 있어서 행복은 자족과 감사였다.

갖는 것이 아니라 누리는 것

한 부부가 갖은 고생을 해서 모은 돈으로 60평이 넘는 아파트를 강남에 장만했다. 먹을 것을 안 먹고 입을 것을 안 입어 가면서 온갖 고생 끝에 장만한 아파트였다. 거기다 최첨단 가전제품과 누가 보아도 감탄할 만한 집기들을 사서 집안을 장식했다. 이제 더할 것 없이 행복할 것 같았지만 사실 부부는 이 시설을 즐길 만한 시간적 여유가 없었다. 아직 행복이 무엇인지 느끼지 못했다. 이런 집에 격이 맞는 생활을 유지하려면 지금까지보다 더 열심히 일해서 돈을 벌어야 했기 때문이었다.

하루는 같은 직장에 다니는 이 부부가 차를 타고 출근을 하다가 그날 아침 회의에서 발표할 중요한 서류를 빠뜨리고 와서 다시 집에 돌아가게 되었다. 그런데 이게 웬일인가? 놀랍게도 가사 도우미 아주머니가 수준 높은 음악을 틀어 놓고 커피 한 잔을 근사한 찻잔에 타서 여유 있게 마시면서 베란다의 테라스 카페에서 집 안의 모든 시설을 즐기고 있었다.

허겁지겁 출근해서 바쁘게 일하고 집에 돌아와서 쓰러지듯 잠드는 이 부부는 과연 행복한 삶을 살고 있다고 할 수 있을까? 그들은 더 넓은 평수, 더 좋은 음악실과 더 멋있는 테라스 카페, 더 고급스럽고 근사한 커피 머신을 구입하고 유지하기 위해 밤낮으로 일을 더 해야 한다. 그렇게 살다가 졸지에 허무하게 죽어 버리면 어쩔 것인가?

중국 절강성에 경제계 거물인 왕쥔야오라는 인물이 있었다. 그가 30대 후반의 젊은 나이에 요절하자 그의 부인이 19억 위안(한화 약 3,777억 원)을 가지고 그의 운전기사와 재혼을 해서 화제가 된 적이 있었다. 그 운전기사는 행복에 겨워 이렇게 말했다.

"전에는 내가 왕 회장님을 위해서 일한다고 생각했지만 지금 와서 생각해 보니 왕 회장님이 나를 위해 열심히 일했다는 것을 알게 되었다."

이 이야기는 건강하게 오래 사는 것이 많은 재물을 갖는 것보다 더 중요하다는 것을 깨닫게 한다. 행복이란 목적지에 있지 않고 목적지로 가는 과정에 있다는 것을 안타깝게도 대부분 모르고 산다. 또 우리는 어리석게도 행복을 뒤로 미루는 습성이 있다.

사람들은 자기가 행복해지는 것보다 남에게 행복해 보이려고 더 애를 쓴다. 행복하기 위해서 가장 필요한 것은 행복의 여건들을 많이 소유하는 것이 아니라 소유한 것 안에서 행복의 가치를 찾아낼 수 있는 능력이다. 비싸고 맛있는 재료를 많이 가지고 있어도 맛있는 음식을 만들어 내지 못한다면 그 재료들이 아무 소용 없는 것과 마찬가지다.

위에 견주면 모자라고 아래에 견주면 남는다는 말이 있듯 행복을 찾는 오묘한 방법은 모두 내 안에 있다. 수많은 종류의 행복 여건을 이미 가지고 있음에도 사람들이 행복하지 못한 이유는, 자신에게 어울리는 행복을 발견하지 못했거나 느끼지 못하고 감당할 수 없을 정도로 과분한 행복을 무작정 추구하기 때문이다. 행복이란 것은 내가 갖지 못하는 것을 바라는 것이 아니라 이미 내가 가진 것을 사랑하며 즐기고 감사하는 것이다.

마음으로 몸을 치유한다고?

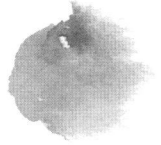

 기분 좋게 살면 병의 90%는 치유된다는 말이 있다. 건강을 위해서는 먹는 것도 운동도 중요하지만 무엇보다 마음을 잘 관리해야 한다. 굳이 비중을 둔다면 음식과 운동은 20%, 마음을 잘 관리하는 것이 80%다.
 행복하고 긍정적인 생각을 할 때 면역 세포의 일종인 T림프구(T세포)가 활발하게 제 기능을 발휘하기도 하고 도파민, 세라토닌이라는 호르몬이 몸속에서 스스로 생성되어 수명도 연장시킬 수 있다. 그러나 시기, 분노, 원망과 두려움, 불평, 낙심, 절망, 염려, 용서 못 함, 불안과 같은 부정적인 생각이나 감정을 계속 가지게 되면 몸속의 T림프구는 변이를 일으켜, 암세포나 병균을 죽이는 대신 거꾸로 자기 몸을 공격하여 몸에 염증이 생기게 하여 질병을 일으키는데 이를 '자가 면역 질환'이라고 한다.

신경정신과 의사들은 마음이란 아주 미세한 입자로 되어 있으며 이것은 물리적 입자와 동일해서 입자로 존재할 때는 일정한 공간에 한정되어 있지만, 파동으로 그 성질이 변하게 되면 시공간을 초월하여 이동할 수 있다는 연구 결과를 발표했다. 사람의 마음은 에너지의 성질을 가지고 있어서 다른 물질이나 생물체에 영향을 미치는데 배양 중인 암세포를 대상으로 '원래의 정상적인 세포로 돌아가라.'라고 마음을 다스리면 암세포의 성장이 40%나 억제된다고 한다.

화, 슬픔, 불안, 공포, 증오, 미움 등과 같이 마음에 부정적인 감정이 쌓였을 때 인체에는 독사의 독을 능가하는 매우 강력한 독성 물질이 생성된다. 사람들은 자신이 만든 독을 그대로 몸속에 축적하게 되는데, 그 독성 물질이 몸속의 여러 곳을 돌아다니다가 약한 부위에 멈추어 다양한 질병을 일으키게 된다.

통계청에서 밝힌 직업 중 수명이 가장 긴 사람은 목사, 신부, 스님 등 성직자들이었는데 이들은 어느 정도 스스로 마음을 통제할 수 있는 사람들이었다. 예로부터 장수한 사람들을 보면 잘 먹고 운동을 많이 한 것도 있지만, 그보다 더 주요한 원인은 스스로 마음을 잘 관리했기 때문이라고 했다. 우리의 몸을 최상의 컨디션으로 유지하고 평소에 늘 감사하는 마음을 가지면 수명이 연장될 수 있다는 연구 결과도 있다.

결론적으로 마음의 변화는 곧 그대로 몸의 변화로 이어지므로 마음을 다스리는 것이 건강관리에 아주 중요하다. 현재 대형 병원 암 센터에서 '웃음 치료'라는 프로그램을 정기적으로 운영하고 있는 것은 그러한 사실을 인정하고 입증하는 것이라 생각된다.

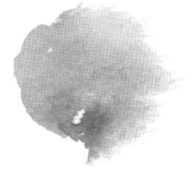

마음만 고쳐먹어도

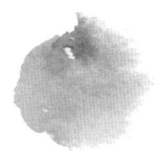

중국 당나라 때 동산洞山이라는 큰 스님이 있었다. 어느 날 한 제자가 스님에게 물었다.

"스님, 견디기 힘든 추위와 더위가 찾아오면 이를 어떻게 피해야 하겠습니까?"

동산 스님이 대답했다.

"그 추위와 더위가 없는 곳으로 가면 되지 않겠느냐."

"스님! 그렇다면 도대체 어디가 추위와 더위가 없는 곳입니까?"

동산 스님이 크게 소리를 질렀다.

"이놈아! 추울 때는 너를 더 춥게 하고 더울 때는 너를 더 덥게 하면 될 것 아니냐. 알겠느냐!"

그 제자가 이 말을 이해하는 데는 몇 달이 걸렸다.

우리는 추우면 본능적으로 따뜻한 곳으로 피하려 하고 더우면 시원한 곳으로 피하려 한다. 그러나 피한다고 해서 그 추위와 더위를 근본적으로 해결하는 것은 아니다. 우리에게 어려움이라는 것은 우리의 선택의 여지없이 닥쳐온다. 우리가 살면서 어려움이나 근심이 생기면 어리석게도 엉뚱한 방법으로 해결하려 한다. 그냥 앉아서 당하거나 술을 마시거나 어려움을 잊으려 약물을 사용하기도 한다. 그럴수록 더욱 견디기 어려운 고통의 늪으로 빠져드는 줄 모르고 말이다.

추위와 더위를 피하려면 더 추운 곳으로, 더 더운 곳으로 찾아가라는 동산 스님의 말씀은 어려움이 오면 피하지 말고 어려움을 직시하고 맞서라는 깨달음을 준다.

정신과 치료 기법 중 '역설적 의도'라는 기법이 있다. 찾아오면 회피하지 말고 오히려 더 과장해서 상상하게 한 후 그 문제에서 벗어나게 하는 심리 치료 기법이다. 이 방법은 걱정, 근심, 불안, 대인공포증, 무대공포증, 강박 장애를 치료하는 데도 널리 사용된다. 자신을 힘들게 하는 고통과 근심에만 몰입하지 말고 그보다 더한 상황, 그로 인한 최악의 상황을 상상해서 지금이 그 최악의 상황보다 훨씬 낫다는 마음의 위안을 찾는 방법이다.

'이보다 더한 어려움이 있을 수도 있겠지만 그래도 이만해서 다행이다.'

이런 생각은 스스로 학습하고 훈련할 수 있다. 얼마든지 우리 생활 속에 적용해 볼 만하다. 맹자는 하늘이 사람에게 큰 임무를 주려 할 때는 꼭 그에게 시련을 부여한다고 했다. 힘들고 어려울 때마다 이 이야기를 새겨 보면 좋겠다.

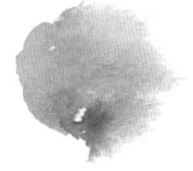

늘 편안한 얼굴의 비밀

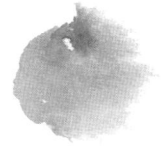

노인복지의 현장에서 노인들과 생활한 지 십수 년이 지났다. 그동안 연세에 비해 젊은 사고방식으로 품위 있게 나이 들어가는 어른들에겐 공통점이 있음을 발견할 수 있었다. 100세가 넘은 어른들과 이야기도 많이 하고, 그 어른들이 사는 모습을 보고 느끼는 것이 있었다. 그 어른들에겐 한결같이 남과 다른 그 무엇이 있었다.

첫 번째로 젊은 사고방식을 가지고 품위 있게 말을 하는 어른들은 어디서나 존경을 받았고 매사에 아주 긍정적이었다. 그런 사람들은 분명한 정체성을 지녔으며 자신의 처지에 대해 대부분 당당했다. 94세의 어른과 식사를 하면서 내가 물은 적이 있었다.

"언제 봬도 어떻게 그렇게 모습이 편안하고 항상 웃는 얼굴이

세요?"

"나는 지금까지 살아오면서 화낼 만한 일이 거의 없었어요. 화낸다고 안 되던 일이 잘되는 법이 없거든! 오히려 화를 내면 일을 그르치게 할 뿐이었지요. 화를 안 내니 남들과 다툴 이유도 없었어요. 그리고 어떤 일이 있어도 누구한테나 함부로 말하지 않았어요. 늘 말을 조심했지! 그러다 보니 얼굴 붉힐 일이 전혀 없었어요."

자신의 입을 긍정적인 것으로 채울 것인가, 부정적인 것으로 채울 것인가, 선으로 채울 것인가, 악으로 채울 것인가가 그 사람의 인격으로 표출된다. 그러나 보통 사람들은 머리로 생각한 것을 거르지 못하고 바로 입으로 말해 버리기 때문에 말로 인한 갈등이 생겨나고 남에게 씻을 수 없는 상처를 주기도 한다.

두 번째로 어디를 가든지 대접받는 어른들은 남녀 구분 없이 옷을 잘 입는 분들이었다. 노인복지관이나 경로당의 노인들을 보면 옷을 제대로 입은, 용모가 단정한 분들이 주로 리더 역할을 하고 있었고 누구든지 그들을 함부로 대하지 못하는 것을 여러 번 보았다.

세 번째로 매사에 자신이 있는 어른들은 봉사를 많이 하는 분들이었다. 노인들에게 있어 자원봉사는 후반기 삶을 풍요롭게 하기 위해 하는 일이지, 결코 무료한 시간을 보내기 위해 하는 일이 아니다.

지역 독거노인을 지원하는 봉사 단체에 10여 년 동안 함께하고 있는 한 어른은 '자원봉사는 내 삶에 있어서 행복을 불러오는 마중물'이라는 말씀을 하셔서 같은 봉사자들로부터 큰 공감을 얻었고, 그 봉사 단체의 지도자 역할을 한 사례가 있었다.

두 아들과 자상한 남편을 둔 어떤 부인이 있었다. 부족한 것 하나 없이 행복하기만 했던 그 가정에 갑자기 불운이 닥쳐 왔다. 가족여행을 하던 중 큰 교통사고를 당해 남편과 작은아들을 졸지에 잃게 된 것이다. 살아남은 큰아들은 그 부인에게는 삶의 전부가 되었다. 큰아들이 군대를 가게 되었고 그 금쪽같던 큰아들이 작전 중에 전사하기 전까지는. 어머니는 정신이 나갔고 폐인이 되어 길거리를 배회했다. 그를 곁에서 지켜보고 있었던 신부님이 부인을 설득하여 지적장애 아동을 돌보는 시설에 보냈다. 처음에는 먼 하늘만 쳐다보고 땅이 꺼져라 한숨만 쉬던 부인은 수녀님들이 바쁘게 아이들을 보살피는 것을 보고 조금씩 일을 거들기 시작했다. 정신없이 빨래하고 아이들의 용변을 치우다 보니 저녁에는 지쳐 쓰러져 잠을 잤다.

어느덧 1년이 지나고 부인의 얼굴이 변하기 시작했다. 몸이 건강해지고 얼굴에 화색이 돌기 시작했다. 우울증이 치료되고 몇 년 안 가 그 부인은 세상이 존경하는 사람으로 변했더라는, 어느 어르신이 들려준 이야기다.

"앞으로 살면서 힘든 일을 만나면 이 부인을 생각하게!"

나에게 있어서 어르신들은 도서관이었다. 말로는 어르신들을 보살피는 일을 한다고 했지만 사실은 정반대였다. 어르신들에게서 세상을 살면서 깨우쳐야 할 지혜를 배웠고 어떻게 세상을 살아가야 하는가에 관한 귀한 가르침을 받았다.

주문을 외워 보자

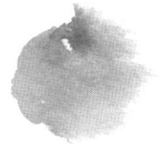

오래된 이야기지만 흥미를 끄는 실험 이야기가 있다. 미국에서 사형 집행을 앞둔 사형수에게 특별히 고통스러운 교수형에 처하지 않고, 고통스럽지 않게 피를 조금씩 빼서 죽게 하겠다고 말하고 그를 침대에 눕혔다. 그리고 주삿바늘을 팔뚝에 꽂고 피가 한 방울씩 떨어진다고 말하고 그 소리를 사형수가 듣게 했다. 그러나 실제로는 피가 떨어지지 않고 준비한 물통에서 물이 한 방울씩 떨어지게 했다. 사형수는 그 소리를 자기의 피가 한 방울씩 떨어지는 것이라고 생각했다. 일정 시간이 지나고 나니 결국 그 사형수가 죽었다는 이야기다.

강력한 염원을 담아 집중하면 그 일이 결국 실제로 일어나는 현상을 '피그말리온Pygmalion 효과' 또는 '자기암시 효과'라고 한다. 피그말리온 효과는 생각이 몸에 막대한 영향을 끼칠 수 있다는 것을 보여 준다. 자기최면에 걸린 사람이 깨진 유리 조각 위나 시퍼런 작두날 위를 걸어도 발이 멀쩡한 것도 피그말리온 효과로 설명할 수 있다.

피그말리온 효과가 스포츠 경기의 승부에도 지대한 영향을 미칠 수 있다는 실험 결과도 있었다. 어느 대학 농구 팀의 선수 30명을 세 그룹으로 나누어 세 가지 방법으로 훈련을 시켰다. 첫 번째 그룹은 실제로 공을 가지고 정상적으로 일정 시간을 훈련시켰고, 두 번째 그룹은 공 없이 눈을 감고 계속해서 슛을 던지게 해서 정확히 골대 안으로 들어가는 것을 상상하는 일종의 이미지 훈련을 했다. 나머지 세 번째 그룹은 훈련에 관한 어떤 주문도 하지 않고 자유 훈련을 하게 했다. 아예 훈련을 하지 않고 놀아도 된다고 했다.

일정 시간이 지난 후 세 그룹의 선수들을 실전에 투입하자 이상한 일이 벌어졌다. 첫 번째 그룹의 선수들과 두 번째 그룹의 선수들의 슛 성공률이 거의 같았고 세 번째 그룹의 선수들의 슛 성공률은 형편없었다. 이 실험은 이미지 훈련도 실전 훈련과 성과 면에서 별 차이가 없다는 것이 입증된 실험이었다.

세계를 호령하는 우리나라 양궁 선수들과 사격 선수들이 야구장의 응원석 한가운데서 명상 훈련을 한다는 것도 피그말리온 효과의 원리를 이용한 훈련이라 할 수 있고, 이런 훈련이 큰 효과를 거두는 것으로 알려져 있다.

피그말리온 효과를 실생활에 적용할 수 없을까 고민한 끝에 나는 한 가지 훈련을 시작했다. 새벽에 시간을 내어 보통 15분에서 20분 정도 그날 일어날 일을 가상으로 암시하고 어떻게 대처할 것인가를 머릿속에 그려 본다.

예를 들어 그날 상담이 있으면 미리 예상되는 상황을 머릿속에서 그리고 그 대처 방법을 시뮬레이션해 보는 것이다. 대상자가 이렇게 나오면 저렇게 말하고, 저렇게 나오면 이렇게 말하는 것을 명상 속에서 반복해서 연습하는 방법이다. 이때 신경 써야 할 것은 부정적인 것을 생각하면 머리가 복잡해지기 때문에 내가 원하는 긍정적인 상황만을 머릿속에서 연출해야 한다. 그 훈련을 1년 넘게 해 보았다. 처음에는 눈을 감고 훈련을 시작하는데 온갖 잡념이 머릿속을 복잡하게 했다. 그런데 시간이 갈수록 신기하게도 마음에 안정감과 편안함이 찾아오기 시작했다. 생활에 자신감이 붙기 시작했다. 훈련 속 상황이 실제로 벌어졌을 때 아주 쉽게 대처하고 해결하는 것을 체험하게 되었다.

자동차에 유사 휘발유를 넣고 달리는 것과 고급 휘발유를 넣고 달리는 것에는 큰 차이가 있다. 이처럼 부정적인 생각으로 머릿속을 채우고 시작하는 것과 긍정적인 생각으로 머릿속을 채우고 시작하는 것에는 우리가 상상하는 것 이상으로 큰 차이가 있다고 믿는다. 어떤 생각으로 하루를 시작하는가에 하루의 삶이 결정된다. '안 되면 어떻게 할까?' '힘들면 어쩌지?' '이상하게 오늘 힘들 것 같아!' 이런 생각으로 하루를 시작할 것이 아니라 오늘 내가 생각하고 있는 대로 그대로 될 것이라 믿고 그렇게 행동해 보자.

그것이 생활 속의 피그말리온 효과다.

나의 반응부터가 사건의 시작

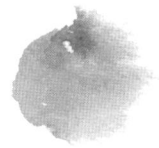

〈타임〉이 선정한 현대 미국에서 가장 영향력 있는 사람 25인 중 한 명인 스티븐 코비Stephen Covey의 글 중에 〈90 대 10의 법칙〉이라는 것이 있다. 이 이론은 우리의 삶에서 겪는 일들의 10%는 스스로 통제할 방법이 없지만, 나머지 90%는 우리가 어떻게 반응하느냐에 따라 결정된다는 것이다. 이 이론의 핵심은 감정 조절, 사고방식, 행동 선택의 중요성에 있다.

우리 인생에서 일어나는 10%는 누구도 전혀 통제하지 못한다. 예를 들어 타고 가던 자동차가 갑자기 고장 나는 것을 막을 수 없고 비행기가 연착하여 일정을 엉망진창으로 만드는 것도, 어떤 운전자가 갑자기 내 차선으로 갑자기 끼어드는 것도 어떻게 막을 방법이 없다. 이러한 일들이 10%에 해당되는 것이다. 그러나 나머지 90%는 다르다. 90%를 결정하는 일은 바로 우리다.

이 90%는 순전히 우리들의 선택과 반응으로 결과가 달라진다. 우리는 교차로의 신호등을 임의로 조절할 수가 없다. 그러나 스스로의 반응은 조절할 수 있다. 이런 상황에서 감정 조절은 충분히 가능하다는 이야기다.

어떤 가정에서 일어난 이야기다. 아빠가 출근하기 전에 가족들과 아침 식사를 하던 중 딸이 실수로 테이블 위의 커피잔을 엎었다. 출근하려고 입었던 양복을 버리게 되자 아빠는 화를 내면서 조심성이 없다고 딸을 혼냈다. 가족 중 누구도 방금 일어난 일의 상황을 바꿀 수 없다. 그러나 아빠의 반응에 따라 다음에 일어날 일의 결과는 달라진다.

아빠는 딸에게 불같이 화를 내고 아내에게도 커피잔의 위치를 잘못 놓았다고 짜증을 부린다. 가족 모두 기분이 상하고 아빠는 옷을 갈아입으러 발소리를 요란하게 내며 2층 계단으로 올라갔다. 다시 아래층으로 내려와 보니 딸은 우느라고 아침밥도 먹지 못하고 통학 버스도 놓치고 말았다. 아내도 당장 출근해야 할 상황이었다. 어쩔 수 없이 아빠가 서둘러 딸을 학교에 태워다 준다. 그 와중에 아빠는 회사에 지각하지 않으려고 차를 급하게 몰다가 속도위반으로 교통경찰에게 스티커를 발부받게 된다. 학교에 도착해서도 서운한 마음이 풀리지 않은 딸은 아빠에게 인사도 안 하고 학교로 뛰어 들어가 버렸다. 회사에 여지없이 지각한 아빠는 그날 회의에 필요한 서류를 경황이 없어 집에 두고 온 것을 알아차리게 된다. 아빠의 하루는 엉망진창이 되고 스트레스가 극에 달하게 된다. 여기서 끝이 아니다. 저녁에 집에 가면 또 다른 전쟁이 일어날 수도 있다. 왜 상황이 이렇게 되고 만 것일까?

왜 가족 모두가 하루를 망가트렸을까? 아침에 딸이 실수로 커피를 쏟은 것은 아무런 통제도 할 수 없다. 그러나 아빠가 보인 5초간의 반응이 가족 모두의 나쁜 하루를 만든 것이다. 이런 상황에서 아빠의 반응은 이래야 했다.

커피가 아빠의 양복에 쏟아진다. 딸은 당황한다. 아빠는 다정하게 "괜찮아. 다음부터 조심하면 돼. 알았지?"라고 말하고는 옷을 갈아입고 서류 가방을 들고 내려온다. 창밖을 보니 딸은 통학 버스에 올라 손을 흔든다. 아빠 엄마도 같이 손을 흔들어 준다. 아빠는 회사에 정상적으로 출근하여 회의 준비를 한다. 두 상황의 시작은 같았지만 결과는 크게 다르다. 같은 상황에서 아빠가 어떻게 반응하느냐에 따라 달라지기 때문이다.

자동차가 고장 났다고 화를 내고 다른 차가 내 차선으로 끼어들어왔다고 욕할 필요가 없다. 순간의 반응이 우리의 하루를 완전히 망칠 수 있다. 비행기가 연착되어 스케줄이 엉키게 되었다고 승무원에게 신경질을 부릴 이유가 없다. 승무원들이 그 일을 해결할 수도 없지 않은가. 단순히 꾹 참는 것이 아니라 문제의 근본 원인을 이해하고 나의 감정과 대처를 건강하게 조절하는 것이 중요하다.

평범한 편안함이 곧 기적이다

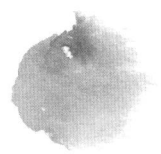

　우리는 매일 감사하는 마음으로 살아야 한다. 몇 해 전 코로나19 팬데믹이 전 세계를 휩쓸고 지나갔다. 수많은 사람의 목숨을 앗아 갔고 세상의 모든 활동을 3년여에 걸쳐 멈춰 버린 사건이었다. 그때 있었던 일이다.

　프랑스의 93세 할아버지 한 분이 코로나19에 감염되어 긴급으로 병원에 입원하게 되었다. 응급실에서 24시간 동안 산소호흡기를 끼고 집중 치료를 받아 생명을 건질 수 있었다. 퇴원 수속 중 할아버지는 3,500유로(한화 약 500만 원)가 넘는 치료비 계산서를 받게 되었다.

　할아버지는 복도의 의자에 앉아 그 계산서를 보면서 하염없이 눈물을 흘리고 있었다. 당황한 병원 직원이 할아버지의 등을 어루만지며 계산서 금액이 너무 커 걱정이 돼서 우시느냐고 위로의 말을 건네자 할아버지는 이렇게 말했다.

"저는 치료비를 보고 눈물을 흘리는 것이 아닙니다. 치료비를 전부 지불할 수 있습니다. 제가 눈물을 흘리는 이유는 고작 24시간 산소호흡기를 사용했는데 산소 금액이 이렇게나 비싸다는 사실 때문입니다. 저는 염치없게도 93년 동안이나 신께서 주신 산소를 매일 마시면서 돈을 한 푼도 지불한 적이 없었습니다. 제가 그동안 얼마나 많은 빚을 졌는지 이제야 깨닫게 되었습니다."

그 상황을 바라보던 주변 사람들의 분위기가 갑자기 숙연해졌다.

산길을 운전하고 가다가 수십 미터 계곡으로 차가 굴렀는데 구사일생으로 다친 곳 하나 없이 걸어 나오면 기적이라고 온 세상이 떠들어 댄다. 풍랑에 배가 뒤집어졌는데 운이 좋아 극적으로 살아난다면 몇십 년 만에 한 번 일어날까 말까 한 기적이 일어났다고 호들갑을 떤다.

그런데 생각해 보자. 우리는 매일 계곡에서 떨어질 이유도 풍랑에 목숨을 잃을 이유도 없이 살고 있으니 이보다 더한 기적이 어디 있겠는가! 산사태가, 지진이, 쓰나미가 내 주변에서 일어나지 않아 매일을 편하게 안전하게 사는 것 더 큰 기적이 아니겠는가! 꼭 위험에서 빠져나와야만 기적이 아니다.

사람들은 긍정적인 것보다 부정적인 것에 더 많은 관심을 기울이는 부정적 편향을 지닌다. 사람들은 이익보다 손해에 더 많은 주의를 기울이며 강렬한 감정 반응을 보인다. 자신이 가진 것보다 갖지 못한 것에 더 많은 관심을 지니며 불만스러워한다. '은혜는 물 위에 새기고 원한은 돌판 위에 새긴다.'라는 말이 있듯이 다른 사람에게 받은 혜택은 잘 잊어버리지만 피해를 입은 일은 오래도록 기억하며 앙심을 품는다.

《죄와 벌》의 저자 표도르 도스토옙스키Fyodor Dostoevskii는 "사람들은 자기가 늘 불행하다고 자탄한다."라고 말했다. 이것은 이미 주어진 자신의 행복함을 깨닫지 못하기 때문이다. 사람들은 행복이란 누가 가져다주는 것이 아니라 스스로 찾는 것임을 모르고 살아간다.

행복해지는 데는 분명히 비밀이 있다. 우리는 불행하기 때문에 불평을 하는 것이라고 생각하는 경향이 있지만 사실 불평과 불만이 사람을 불행하게 만든다. 무슨 일이든지 감사할 줄 아는 습관을 갖는다면 우리는 훨씬 더 행복한 사람으로 살 확률이 높아진다. 행복해지기를 기대하며 미래에 목말라하기보다 지금 이 순간 행복을 느끼는 것이 중요하다. 행복은 주어진 상황이 아니라 그 상황을 해석하는 내 마음의 상태이기 때문이다.

삶이 바다와 같은 이유는?

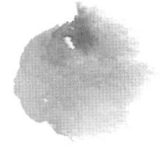

'밀물 때는 반드시 온다.'

미국의 철강왕이라 불리는 앤드루 카네기Andrew Carnegie가 평생 신조로 삼았던 말이다. 교육이라고는 초등학교에 4년 다닌 것이 전부인 카네기는 어린 시절 불우한 환경 속에서 자랐다. 청년이 되어서도 카네기는 변변한 직업이 없어 집집이 돌아다니며 물건을 팔고 있었다.

어느 날 여느 때와 다름없이 한 노인의 집에 물건을 팔기 위해 방문한 그는 노인의 집 거실에 걸려 있는 그림을 보자 온몸에 소름이 돋았다. 유명한 화가가 그린 그림도 아니었는데 그 한 장의 그림이 카네기의 인생을 바꾸는 계기가 되었다. 그 그림은 텅 빈 나룻배에 노 하나만 덩그러니 있는 보잘것없는 빈 배였다. 그 빈 배는 썰물로 바닷물이 다 빠져나간 갯벌 위에 볼품없이 아무렇게나 팽개쳐 있는 황량하고 쓸쓸하고 초라한 모습이었다. 그런데 그 그림의 밑에 이런 글이 적혀 있었다.

'반드시 밀물 때가 온다. 바로 그날 나는 바다로 나갈 것이다.'

그 글에 큰 감동을 받은 카네기는 시간이 지나도 그 빈 배의 그림을 잊을 수 없어 노인을 다시 찾아가 자초지종을 이야기하였다.

"제가 살아 있는 동안 저 그림을 가까이 두고 힘들 때마다 보고 싶습니다."

특별히 값이 나가는 그림도 아니고 자식들에게 물려줄 것도 아니었기에 노인은 카네기에게 그림을 내어 주었다. 철강왕 앤드루 카네기는 세계적인 거부가 되어서도 이 그림을 그의 사무실에 소중하게 걸어 놓고 꿈과 희망을 키웠다고 한다.

사람은 누구나 세상을 살면서 앞이 보이지 않을 정도로 어려운 일을 당할 수 있다. 그러나 그 그림에 쓰인 말대로 현재는 여러 가지 어려움 속에서 살고 있지만 목적이 분명한 인내는 우리에게 확실한 동기를 만들어 준다.

미래는 준비하는 사람들의 것이라는 말처럼 확신을 가지고 인내하고 기다리면 꿈과 희망을 펼칠 날이 분명히 온다. 썰물이 있으면 반드시 밀물의 때가 온다. 내리막길이 있으면 오르막길이 있고, 밤이 있으면 분명히 낮이 있다는 것은 변하지 않는 진리다.

지금 나의 상황이 한치 앞을 내다볼 수 없을 만큼 힘들고 고통스러운 날일지라도 낙심하거나 절망하거나 포기하지 않고 밀물 때가 올 것을 묵묵히 기다리면서 노 젓기를 준비하는 사람은 무슨 일이든지 성공할 수 있다.

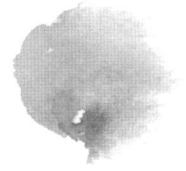

빈둥지증후군

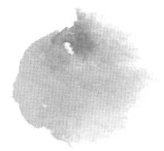

　이솝 우화 중에 이런 이야기가 있다. 옛날 옛적에 어느 숲속에 개구리 한 쌍이 살고 있었다. 어느 날 아내 개구리는 알을 잔뜩 낳아 놓고는 남편 개구리 곁을 떠났다. 남편 개구리는 알이 유실될까 봐 먹지도 못하고, 노래도 못 부르고 입속에 알을 가득 넣고 부화가 되기를 기다렸다. 그 시간은 엄청나게 외롭고 힘이 들었다. 그러다 보니 아내 개구리는 물론 다른 친구 개구리들은 재미가 없다며 모두 남편 개구리 곁을 하나둘 떠나기 시작하여 남편 개구리는 결국 혼자 남게 되었다.
　남편 개구리는 입안에 있는 알들이 부화하면 친구들이 다시 곁으로 돌아올 것이라고 혼자 생각했다. 또 그때가 되면 분명히 올챙이들이 자기를 지켜 줄 것이고, 지금보다 훨씬 재미있게 살 수 있을 것이라 생각했다. 남편 개구리는 그때를 생각하면서 모든 외로움도 불편함도 참고 인내하였다. 마침내 알이 부화되어 올챙이가 되던 날 아빠 개구리는 아주 씩씩하게 입을 벌려 올챙이들을 세상으로 내보냈다. 아빠 개구리는 수많은 올챙이들이 자기 곁을 떠나지 않고 그동안의 외로움을 보상해 주리라 굳게 믿고 있었다. 그러나 그것은 착각이었다. 올챙이들은 모두 아빠 개구리의 입에서 나오자마자 뒤도 안 돌아보고 세상 밖으로 힘차게 헤엄쳐 아빠 개구리의 곁을 떠났다.

아빠 개구리는 어이가 없고 황당했다. 올챙이들을 붙잡을 수도 없었고 아빠 개구리는 다시 심각한 외로움과 고독 속으로 빠져든다. 이 우화의 이야기는 우리에게 많은 것을 생각하게 한다. 대다수 사람들이 세상을 살면서 겪어야 할 일이기 때문이다.

이 이야기에서 아빠 개구리는 불쌍하고 올챙이들을 나쁜 녀석들로만 볼 것은 아니다. 왜냐하면 그들이 살아가는 방법이 그렇기 때문이다.

'빈둥지증후군empty nest syndrome'이란 말이 있다. 애지중지 키웠던 자녀가 어느 정도 성장을 하게 되면 자의든 타의든 부모 곁을 떠나게 된다. 이때 부모가 느끼는 공허감, 외로움, 고독을 새의 빈 둥지에 빗대어 일컫는 심리학 용어다.

자녀들과의 관계에서 정서적 유대가 깊을수록 상실감이 더 커질 수 있다. 또는 본인의 정체성과 존재감을 자녀 양육에서 찾았는데 그 대상인 자식들이 부모 곁을 떠나가면 부모가 느끼는 상실감이 클 수밖에 없다. 이런 증상은 주로 좌절감, 우울감, 상실감, 무기력, 외로움, 불안 등으로 나타난다.

빈둥지증후군은 비단 부모, 자식과의 사이에서만 생기는 것이 아니라 사람에 따라 부와 명예, 건강, 사업, 권력 또한 그 대상이 될 수 있다고 본다. 죽기 살기로 어렵게 쌓아 왔던 것들이 하루아침에 물거품이 된 후 겪는 고통과 아픔, 좌절이 빈둥지증후군이라고 해도 틀린 말은 아닐 것이다.

빈둥지증후군은 정신 건강과 삶의 질에 큰 영향을 미칠 수 있기 때문에 이를 극복하기 위해서는 자신의 감정을 인정하는 것부터 시작해야 한다. 또한 적절한 해결 방법을 찾으려는 본인의 의지가 중요하다고 생각한다. 새로운 가치 설정 및 정체성 확보에 따른 목표 재설정, 새로운 취미 생활, 정신과 상담 및 의미의 전환, 생활 습관 개선, 자기계발, 주어진 환경을 재정립하는 방법이 있다. 그중에서 가장 중요한 것은 '나의 가치'를 스스로 찾는 것이다. 또 가치에 맞는 목표를 새로 설정하고 집중적으로 실천하는 것이 중요하다.

그동안 하지 못했던 독서, 글쓰기, 그림 그리기, 운동, 여행, 등 내가 좋아하는 일에 집중하는 것도 빈둥지증후군을 이겨 내는 한 방법이라 생각한다. 가정과 사회에서 새로운 역할을 찾거나 적극적인 봉사활동 또한 좋은 방법일 수도 있다.

3부 지나온 길에 미래가 있다

해답은 나에게 있다

살아 보니 좋은 일도 많았고 어렵고 힘든 일도 참 많았다. 그런데 그 모든 일의 해답은 결국 나에게 있었다. 가만히 생각해 보니 사람들이 나를 높이 올려 준 적은 있었지만 나를 벼랑 끝으로 밀어 버린 적은 없었다. 그런데 쓸데없이 남 원망만 많이 했다.

지난날을 돌아보면 목표를 이루고 기뻐한 적이 있었고 지독한 좌절의 늪에도 빠진 적도 있었다. 기쁠 때도, 좌절할 때도 언제나 내 인생의 결정권자는 나였지, 한 번도 남이 내 갈 길을 결정해 주지 않았다. 한번은 높고 깊은 설악산 대청봉에 오르면 위안을 얻을까 싶어서 올라가 보기도 했지만 내 문제를 해결해 줄 무언가는 거기에 없었다. 또 바닷바람을 쐬면 마음이 정리될 것 같은 기분에 바다로 가 봐도 바다가 내 마음을 정리해 준 적은 한 번도 없었다. 어딜 가든 내 문제를 해결하고 내 마음을 정리한 건 결국 나였다.

남을 탓하지 말자. 어떤 환경에 끌려다니지도 말자. 다른 누구 때문에, 내가 처한 환경 때문에 슬퍼할 이유도, 반대로 기뻐할 이유도 없다. 그냥 그렇게 받아들이자. 그리고 그냥 그렇게 인정하자. 성공하는 것도 실패하는 것도 최종적으로 결정하는 것은 바로 나다. 나를 가꾸고 나를 인정하자. 그리고 나를 믿자. 내가 나의 주인이 되어야 한다.

우리에게는 참 이상한 습관이 있다. 원하던 일이 뜻대로 되지 않으면 그 원인이 분명히 자신에게 있음에도 자꾸만 밖에서 원인을 찾으려 한다. 누군가를, 아니면 특정한 환경과 여건을 희생양으로 삼는 데 익숙하다. 그뿐인가. 중고등학교 6년 동안 열심히 공부하지는 않고 대학에 붙게 해 달라고 교회나 절에 가서 기도에 매달리는 사람들도 부지기수다. 사업장을 차려 놓고 열심히 빌기만 한다고 그 사업이 번창할 리 없다.

내가 겪는 어려움의 가장 큰 원인은 내 안에서 찾아야 한다. 우리가 절망 속에서 헤어나지 못하는 원인은 과거의 악몽, 불편함, 상처가 우리의 발목을 잡고 있기 때문이다. 그 밖의 무언가가 문제의 원인인 경우는 거의 없다. 살면서 어려운 일을 만난다면 가만히 멈춰 서서 내 안에 어떤 문제가 있는지 점검하고 다시 방향을 잡아야 한다.

무거우면 내려놓으세요

　작은 일에도 화부터 내고 쉽게 스트레스를 받아 짜증을 자주 내는 사람이 있었다. 가족들도 직장 동료도 모두 그 사람과 대화하는 것도 옆에 가는 것도 싫어했다. 정신과에서 치료도 받아 보고 약을 처방받아 먹어 보기도 했지만 증세가 나아지기는커녕 점점 더 고통이 심해져서 '번아웃 증후군'에 이르게 되었다. 주변 사람의 권유로 깊은 산중에 사는 스님을 찾은 그는 정중하게 가르침을 요청했다.
　"스님! 저는 사는 게 너무 힘이 듭니다. 갖가지 고통이 저에게만 몰려와서 하루도 편할 날이 없고 뭐 하나 되는 일이 없습니다. 모두가 저를 싫어합니다. 제발 저에게 이런 고통에서 나와 하루를 살더라도 편안하게 살아갈 방법을 가르쳐 주십시오."
　사찰 한편에 있는 텃밭을 가꾸면서 묵묵히 말을 듣고 있던 스님은 이렇게 말했다.

"제가 지금 텃밭을 가꾸는 중이니 미안하지만 그 옆에 있는 가방을 잠시 들고 기다려 주십시오."

먼 길을 찾아와서 치료의 비결을 물었는데 뜬금없이 가방을 들고 서 있으라는 말에 조금 당황하기는 했지만 그는 스님이 시키는 대로 할 수밖에 없었다. 그런데 가방 안에 무엇이 들었는지 시간이 갈수록 점점 무거워지기 시작했다. 그렇게 시간이 30분이 지나고 한 시간이 지났다. 점점 힘들어지고 어깨가 아프기 시작했다. 가방을 든 채로 이제나저제나 기다리던 그 사람은 더 이상 화를 참지 못하고 스님에게 퉁명스럽게 물었다.

"스님! 이 가방을 언제까지 들고 서 있어야 합니까?"

이 말에 스님은 안됐다는 표정을 지으며 이렇게 말한다.

"아니! 무거우면 내려놓으면 될 일이지, 무엇 때문에 무거운 가방을 지금까지 그렇게 들고 계십니까? 제가 언제 계속해서 들고 계시라고 이야기했던가요! 어떤 짐이든지 내려놓으면 자유로워지지 않겠습니까?"

바로 그 순간 그는 큰 깨달음을 얻었다.

"그래! 고통에서 해방되고 행복해지기 위해서는 내가 두 어깨에 메고 있던 세상의 짐을 내려놓으면 되겠구나! 그동안 그 무거운 것들을 이고 지고 있었으니 힘들고 어려웠을 수밖에. 나에게 무거운 짐이란 다름이 아니라 미움, 질투, 시기, 평가, 불친절, 불평불만이었구나. 맞아! 그것들이 나를 그렇게도 힘들게 했던 거야!"

현대인들의 만성적인 피로와 스트레스, 가족을 포함해 주변 사람들과의 관계를 힘들게 하는 것의 근본적인 원인을 알고 보면 결국 욕심이다. 좀 더 높은 자리, 더 좋은 집과 자동차를 갖고 싶은 욕심, 어디서나 인정받고 특별한 대우를 받으려는 욕심. 이런 욕심과 다른 사람들과의 비교 때문에 극도로 피곤해져 결국에는 매사 짜증이 나고 스스로 힘들어지는 것이다.

살면서 혹여 내려놓지 못하는 것이 너무 많아서 힘든 일이 없나 가끔은 점검해 볼 필요가 있다. 이미 지나간 일에 대한 쓸데없는 걱정, 닥치지도 않은 미래에 대한 두려움의 무게 때문에 힘들지 않았는가? 만약 우리가 과도한 기대와 바람, 필요 이상의 과도한 욕망을 점차 줄일 수 있다면 우리는 훨씬 자유로운 삶을 살 수 있을 것이다.

감사는 우리의 삶의 질을 높인다. 길러 주신 부모님께 감사하고 스승의 가르침에 감사하며 가족 간의 사랑과 친구들과의 우정에 감사하는 것이 우리의 삶을 훨씬 빛나게 한다. 꼭 남들보다 잘나거나 잘되어야 감사할 일은 아니기 때문에 이것이 그토록 어렵지는 않다. 모든 것이 생각하기 나름이다. 오늘 하루를 잘 보내는 것도, 할 일이 있는 것도, 어디가 특별히 아파 병상에 누워 있지 않은 것도, 함께할 친구가 있는 것도 모두가 감사할 일이다.

같은 문제도 조금만 생각을 달리하면 불쾌감이 기쁨으로, 불만이 감사함으로 변한다. 감사하는 마음만 있다면 모든 상황을 행복으로 바꿀 수 있다. 감사는 이 세상을 아름답게 만드는 마법의 주문이기 때문이다.

"가시에 손을 찔렸다면 그 가시가 눈을 찌르지 않은 것에 감사하자."

당신은 왜 벽돌을 쌓고 있는가?

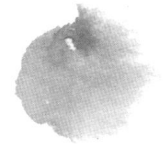

우리를 움직이게 하는 것은 마음에서 일어나는 어떤 동기다. '동기'의 사전적 의미는 어떤 일이나 행동을 하게 만드는 계기, 또는 마음을 먹게 하는 원인이나 계기를 말한다. 배가 고프면 밥을 먹으려는 생각이 들고 위험에 처해 있을 때 적극적으로 방어하려는 생각이 동기부여가 된다. 이것이 우리를 행동하게 하는 것이다.

정신분석학자 지크문트 프로이트Sigmund Freud는 인간의 행동을 유발하는 동기를 '쾌락'이라 했고 의사 겸 심리치료사인 알프레트 아들러Alfred Adler는 '권력에 대한 의지'라고, 신학자 겸 정신과 의사인 빅터 프랭클Viktor Frankl은 '의미'라고 했다. 동기는 외적 동기와 내적 동기로 나누어진다. 외적 동기라 함은 상, 벌, 승진, 합격과 같은 남에게 인정받고자 하는 것이 핵심이고 내적 동기라는 것은 흥미, 재미, 보람, 사명과 같은 내면에서 우러나오는 힘이라고 해도 틀린 말은 아닐 것이다. 내적 동기가 뚜렷하고 강력하면 힘으로 바뀌고 바로 신념이 된다.

평범하게 사는 사람들을 보면 대부분 외적 동기에 의해 움직이는 사람들이고 공부든 사업이든 나름대로 그 분야에서 성공한 사람들은 주로 내적 동기가 뚜렷한 사람들이다. 또 외적 동기로 움직이는 사람들을 보면 목표를 달성한 후에도 금방 싫증을 느끼고 어떠한 상황에서도 보람과 성취감을 오랫동안 유지하지 못하는 반면, 내적 동기로 움직이는 사람들은 무슨 일을 하든지 즐겁고 행복해한다.

새 성전을 짓기 위해 벽돌을 쌓고 있는 세 사람의 벽돌공 이야기가 있다. 공사장에서 벽돌을 쌓고 있는 첫 번째 벽돌공에게 물었다.

"벽돌을 왜 이렇게 열심히 쌓고 있는 겁니까?"

"식구들을 먹여 살리기 위해 열심히 일하지 않으면 안 돼서요. 죽으나 사나 해야지요."

두 번째 사람에게도 똑같은 질문을 했다. 그 벽돌공의 대답은 이랬다.

"남보다 더 빨리 잘 쌓아야 인정받고 다음번 공사에서도 부름을 받을 수 있거든요. 죽기 살기로 일하고 있습니다."

세 번째 사람의 말은 앞선 두 사람의 이야기와 전혀 달랐다.

"저는 지금 신을 모실 귀한 성전을 짓는 일을 하고 있습니다."

일이 끝나고 결과를 보니 세 번째 벽돌공이 쌓은 성벽이 가장 높고 아름다웠다. 얼마 후 세 번째 벽돌공은 그 분야에서 알려진 권위자가 되었다. 우리가 세상을 살아가면서 분명한 것은 이러한 내적 동기가 무슨 일이든 능동적으로 하게 하며 결과를 좋게 하는 원동력이 된다는 것이다.

학창 시절, 직장 생활, 사업, 노인복지 실무자로 현장에서 열심히 일하던 시절 중 어느 단계든 내게 의미가 없지는 않았다. 그런데 그중에서 제일 행복했던 때가 노인복지의 현장에 있을 때였다. 왜냐하면 학교에서 공부하는 것, 직장에서 일하거나 사업을 하는 것은 결국 꼭 해야만 했던 일을 한 외적 동기가 나를 끌고 왔지만, 어른들을 모시는 일은 내가 정말로 하고 싶어서 죽기 전에 꼭 해야 될 일인 것 같았다.

내가 가지고 있는 지식과 지혜, 그리고 쏟을 수 있는 힘을 어른들에게 다 드리고자 하는 마음이 분명했던 것은 내 나름대로의 내적 동기였다. 결과는 어른들보다 내가 더 행복했다. 결국 내 인생을 춤추게 한 것은 내면의 힘, 강한 내적 동기였다.

욕심과 실수

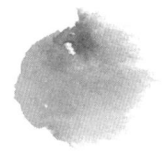

독일에서 전해 내려오는 이야기다. 같은 처지의 세 강도가 우연히 함께 길을 가게 되었다. 가다가 첫 번째 강도가 말했다.

"나는 평소 욕심부리지 않고 살았는데, 그저 먹고 자고 입는 것만 해결할 수만 있었다면 이런 강도질은 하지 않았을 텐데. 부자가 아니라도 하고 싶은 일을 하면서 조용히 행복하게 살 수 있다면 얼마나 좋을까?"

두 번째 강도가 말을 이어받았다.

"말해 무엇 하나. 부자가 아니더라도 열심히 일할 곳이 있어서 땀 흘려 살 수만 있다면 그것으로 만족할 수 있을 텐데."

세 번째 강도는 이렇게 한탄했다.

"가족들도 모르게 순간적인 욕심 때문에 실수로 강도질을 했는데 이렇게 도망 다녀야 하는 신세만 면할 수 있다면 얼마나 좋겠나?"

 세 강도가 나무 밑에서 잠시 쉬어 가기로 하고 자리에 앉으려다 보니 이상한 보따리가 있었다. 보따리를 풀어 보니 순금 덩어리였다. 그들은 그것이 신의 선물이라 생각했다. 인생을 바꿀 수 있는 절호의 기회라 생각했다.

 세 강도는 함께 배를 타게 되었다. 한 강도가 다른 강도에게 눈짓을 했다. 잠시 후 둘이서 한 강도를 번쩍 들어 강물 한가운데로 던져 버렸다.

 점심이 되어 한 강도는 금덩어리를 지키기로 하고 한 강도는 시장으로 먹을 것을 사러 가기로 했다. 시장으로 간 강도는 술과 극약을 샀다. 오면서 이야기하던 도중에 다른 강도가 술을 좋아한다는 말을 들었기 때문이었다.

 남아 있던 강도는 시장에 간 강도가 돌아오기 전에 칼을 준비해 그가 도착하자마자 죽여 버렸다. 이제 모든 것이 자기 것이 되었다고 안심을 한 세 번째 강도는 술과 극약을 탄 음식을 먹고 그 자리에서 죽어 버렸다. 욕심을 잉태하면 죄를 낳고 죄가 자라면 사망에 이른다는 말이 생각이 난다.

아버지, 죄송합니다!

어느 추운 겨울날 거실에서 나이가 많은 아버지는 TV를, 아들은 신문을 보고 있었다. 아버지의 나이는 73세였고 아들의 나이는 35세였다.

그때 창문 밖 나뭇가지 위에 까치 한 마리가 날아와 앉아 까악 까악 소리를 내고 있었다. 아버지가 까치를 가리키며 아들에게 이렇게 물었다.

"얘야! 저게 무슨 새냐?"

"까치요."

다시 TV를 보던 아버지가 조금 지난 다음에 다시 물었다.

"얘야! 저게 무슨 새냐?"

"까치라니까요."

아들의 목소리는 조금 높아져 있었다. 한참이 흐른 후 아들이 신문의 중요한 대목을 읽고 있을 때 아버지가 다시 물었다.

"얘야! 저 새가 무슨 새냐?"

"아버지! 까치라니까요, 까치! 몇 번을 말해야 알아들어요?"

아들은 똑같은 것을 세 번씩이나 물어보는 아버지에게 짜증을 냈다. 옆에서 그 모습을 보던 늙은 어머니가 안방으로 슬며시 들어가 무엇을 열심히 찾더니 가지고 나와 아들에게 건네주었다. 그것은 아들이 3살 때 아버지가 썼던 일기장이었다. 아들은 방에 들어가 그 일기장을 읽다가 이런 글을 발견했다.

"나는 오늘 기분이 너무 좋았다. 눈이 많이 왔는데 까치 한 마리가 창문 밖에 날아와 앉아 있다. 3살 먹은 우리 아들이 그 새를 가리키며 무슨 새냐고 물었다. 나는 까치라고 답해 주었다. 조금 있다가 우리 아들이 새 이름을 다시 물었다. 나는 다시 까치라고 대답해 주었다. 한참 놀던 우리 아들이 또 새 이름을 물었다. 우리 아들이 오늘만 나에게 13번 물었다."

여기까지 읽던 아들의 눈에는 어느새 눈물이 고여 있었다. 그리고 밖으로 나와 늙은 아버지를 꼭 껴안았다.

"아버지! 죄송합니다. 제가 잘못했습니다. 아버지! 저 새는 까치라는 새입니다."

나눔과 배려의 아름다움

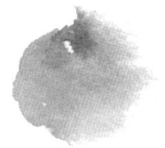

　오늘은 아침 내내 특수교육 기관에서 교직 생활을 30년 넘게 하다가 퇴임하고 곧바로 췌장암으로 고생하다 얼마 전 하늘나라로 이사 간 친구가 계속 머릿속에서 맴돌았다. 많이 보고 싶은 친구다.
　그 친구와 만난 것은 중학교 2학년 때였다. 당시 나는 체육 선생님의 권유로 중학교 럭비 선수로 활동했다. 그때 육상부에서 활동하다가 럭비부에 입단해 나와 같이 선수 생활을 했던 금영이라는 친구가 같은 동네에 살았다.
　1970년대 우리나라의 경제 사정은 좋지 않았다. 대부분의 가정이 모두 어렵게 살던 시절이었다. 나도 학교 대표 선수로 전국대회에 나갈 정도만 되면 등록금을 면제해 준다는 럭비부 감독 선생님의 말씀을 듣고 죽기 살기로 운동을 하던 시절이었다.

그 당시 금영이의 부모님이 서울역 뒤 만리시장에서 계란 가게를 운영하셨다. 그 어른들도 겨울이면 얼마나 추웠던지 털모자를 쓰고도 손과 발, 귀가 늘 얼어 있을 정도로 고생을 하고 계셨다. 그나마 그 친구 집은 시골에 과수원도 있고 살기가 괜찮다고 했다. 이른 새벽에 둘이 같이 책가방과 운동 가방을 들고 가는 아들과 친구의 모습이 내가 부모가 되어보니 그 부모님 입장에서 볼 때 무척이나 안쓰러웠을 것 같다. 유난히도 약해 보였던 나를 볼 때마다 금영이 어머니는 늘 이렇게 말씀하셨다.

"얘야, 얼마나 힘이 드니? 그렇게 약한 몸을 가지고 어떻게 그 힘든 운동을 한다고 그러니! 차라리 공부를 열심히 해라!"

그러시던 친구 어머니는 가끔 다른 친구들을 시켜 나를 부르셨다. 내가 가면 가게 안의 방으로 데리고 들어가서 "계란을 삶아 놓았으니 따뜻할 때 많이 먹거라! 얼마나 배가 고플꼬? 네가 먹고 싶은 만큼 실컷 먹어라!" 하시며 삶은 계란 한 바구니와 과일을 내어놓으셨다. 금영이는 어디 있냐고 물으면, 어머니는 과수원에 심부름을 보냈다고 하셨다. 어머니는 나를 한 달에 두 번씩은 어김없이 가게로 부르셨다. 몇 번을 그러다가 한창 사춘기에 친구가 알게 되면 자존심이 상할 것 같아 친구 어머니가 부르셔도 가지 않았다. 한번은 못 들은 척하고 가게로 가지 않았더니 집으로 찾아오셨다. 그때도 역시 친구는 어디로 심부름 보내고 나를 방으로 데리고 가셨다.

"얘야! 친구 엄마는 네 엄마와 똑같은 거야! 아무 걱정하지 말고 그냥 먹거라! 금영이는 절대 모르는 일이다. 나는 그냥 네가 먹는 모습만 봐도 좋아서 그래! 너는 몸이 약해도 운동을 잘해 좋은 대학에 갈 거라는 이야기를 금영이한테 들었다. 이왕 시작한 것이라면 최선을 다하거라! 그래, 그리고 꼭 훌륭한 사람이 돼서 네 엄마가 고생하시는 것 어떻게 해서라도 갚아야 한다."

"네, 어머니!"

그날 집으로 돌아와 혼자서 많이 울었다. 금영이는 세상을 떠나는 날까지 그런 일에 대해서 한 번도 이야기한 적이 없었다. 어쩌면 친구가 내 자존심을 지켜 주기 위해 끝까지 배려해 주었다는 것을 느낌으로 잘 알고 있었다. 그 당시 나는 어린 나이였지만 아무런 대가를 바라지 않는 도움이 얼마나 큰 힘이 되는지와 배려의 소중함을 알게 되었고 나눔의 아름다움을 그 어른으로부터 몸으로 배웠다.

어머님 은혜

등에 크고 날카로운 뾰족한 가시가 돋아 있는 가시고기는 몸 길이가 11센티미터밖에 안 되는 작은 물고기다. 그런데 이 가시고기의 삶을 보면 느끼는 바가 크다. 4~5월 산란기 때 짝짓기를 하고 암컷은 물속에 있는 둥지에 알을 가득히 낳는다. 이때부터 수컷은 알이 부화할 때까지 식음을 전폐하고 잠도 자지 않으며 물속에서 메기, 가물치 등의 다른 물고기의 공격에서 목숨을 걸고 온몸으로 알을 지킨다.

새끼들이 어느 정도 자라서 바다로 떠날 무렵 수컷 가시고기는 새끼들에게 자기의 몸을 뜯어 먹게 한다. 그리고 나중에는 물풀 밑에서 가쁜 숨을 몰아쉬며 죽음을 맞이한다. 목숨이 다하도록 알과 새끼를 보살피고 자기 몸을 조금의 망설임 없이 주고 가는 수컷 가시고기, 흡사 자식들을 위해 평생을 헌신해 온 우리네 부모님의 삶과 흡사하다.

한 홀어머니가 갖은 고생을 하며 쌍둥이를 키우고 있었다. 어느 날 어머니가 밖에 일하러 나간 사이에 집에 불이 났다. 급히 돌아온 어머니는 위험하다는 주변의 만류에도 불구하고 불 속으로 뛰어 들어가 자고 있던 두 아들을 이불에 싸서 나왔다. 어디서 그런 힘이 나왔는지 아무도 몰랐다. 다행히 두 아들은 무사했지만 어머니는 온몸에 화상을 입었고 몇 차례의 수술 끝에 한쪽 눈을 잃었으며 불기둥이 쓰러지면서 다리를 심하게 다쳐 평생 다리를 절게 되었다. 살길이 막막했던 어머니는 시장에서 좌판을 깔아 놓고 야채며 생선을 닥치는 대로 팔았다. 온갖 궂은일을 마다하지 않고 두 아들을 키웠다.

어머니의 눈물겨운 희생으로 두 아들은 각각 명문 대학을 졸업하게 되었고 좋은 회사에 취업도 보장받게 되었다. 어머니는 쌍둥이 아들들의 졸업식에 꼭 참석하고 싶었다. 그래서 큰아들의 대학 졸업식장에 찾아갔다. 멀리서 자신을 찾는 어머니의 모습을 본 큰아들은 경비실에 연락해 누가 와서 자기를 찾으면 그런 사람은 없다고 해 달라고 부탁했다. 결국 어머니는 슬픈 얼굴로 아무 말 없이 눈물을 흘리며 돌아설 수밖에 없었다.

큰아들의 행동에 크게 상심했던 어머니는 작은아들의 졸업식장에 찾아갔을 때도 학교 밖에서 망설였다. 그리고 안으로 들어가지 못하고 발길을 돌렸다. 그때 우연히 어머니의 모습을 발견한 작은아들은 한쪽 발을 절룩거리며 돌아서는 어머니를 등에 업고 졸업식장 귀빈석에 앉혔다. 참석한 하객들이 수군거렸고 어머니는 몸 둘 바를 몰랐다. 수석 졸업생으로 연단에 선 작은아들은 졸업생들과 하객들에게 그동안의 사연을 이야기했다. 졸업식장에 있던 모두가 감동의 눈물을 흘렸다. 하객들 중 몇몇이 '어머니! 어머니!'를 연호하더니 급기야 참석자 모두가 〈어머님 은혜〉를 함께 불렀다. 졸업식이 끝난 후 언론사에서 앞다투어 이 미담을 세상에 알렸다.

유능한 장관이 사직서를 낸 이유

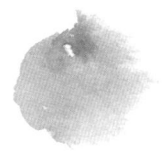

2001년 9월 11일, 이슬람 과격 단체가 뉴욕 세계무역센터를 테러하는 일이 있었다. 바로 9·11 테러다. 이 사건 이후 수백 가지가 넘는 연구가 이루어지고 조사 세미나가 열렸다. 그중에서 유독 눈길을 끌었던 것이 있었다. 그것은 피해자들이 마지막 순간에 전화나 문자를 통해 남긴 메시지가 하나같이 가족에게 남긴 사랑의 고백이라는 것이었다.

사람들은 일에 치여 가족을 잊고 정신없이 살아가지만 목숨이 단 1분도 남아 있지 않았을 때 결국은 아버지, 어머니, 아내, 남편, 자녀들을 찾는다는 것은 전혀 새삼스럽지 않다. 따지고 보면 우리가 추구하는 가장 본질적인 삶의 가치는 부나 명예가 아니라 가족에 있기 때문이다. 우리가 하고 있는 일이 아무리 엄청난 일이라도 가족보다 더 소중한 것은 없다.

빌 클린턴Bill Clinton 대통령 시절 미국에는 로버트 라이시Robert Reich라는 노동부 장관이 있었다. 미국 신新경제를 이끌어 가는 인물로 대통령으로부터 각별한 신뢰를 받았고 각료들 중에서도 실력과 능력을 인정받았다. 그런데 어느 날 그가 갑자기 사표를 내서 온 미국을 떠들썩하게 만들었다. 그 이유인즉 앞만 보고 달리며 주어진 일에 몰두하다 보니 가정에서의 남편, 아빠로서 설 자리를 점점 잃어 가는 것을 가족들의 표정에서 읽었다는 것이었다.

"이제 저는 가정으로 돌아갑니다. 저에게 있어서 가족보다 더 소중한 것이 없다는 것을 조금이라도 빨리 알아 다행입니다."

그런데 많은 것을 내려놓고 가정으로 돌아오기만 하면 모두 박수 쳐 주고 감동할 줄 알았는데 착각이었다. 막상 가정으로 돌아와 보니 이미 가족들은 남편, 아빠가 없는 생활에 익숙해져 있었다.

그는 많은 번민과 생각 끝에 모든 것을 처음부터 새로 시작하기로 했다. 작은 것부터 가족과 같이하고 가족들의 말을 경청하고 응원하기 시작했다. 가족끼리 낚시 투어도 했고 캠핑도 같이 했다. 가족들이 하고 있는 작은 일에도 크게 감동했다. 2년 만에 가족들이 돌아왔다. 다시 남편을 신뢰하고 아빠를 찾기 시작했다. 라이시의 얼굴에 웃음이 찾아왔고 가족 모두가 행복해하기 시작했다. 그는 비로소 자기의 선택이 옳았음을 깨닫게 되었다.

인류가 최초로 경제활동을 한 이유는 가족들을 부양하기 위해서였다. 농사를 짓기 전의 시대에는 산과 들에 널려 있는 먹거리를 채집해 먹고살 수 있었지만 가족들이 늘어나면서 농사도 짓게 되었고 거래도 하기 시작했던 것이다.

따지고 보면 우리가 사업을 하고 공부하는 것, 높은 자리에 어떻게 해서라도 올라가려 하는 것 모두 본질적으로 볼 때 가족들과 잘 살기 위함이다. 그런데 어리석은 우리 인간들은 그런 본질을 잊어버리고, 조그만 바람에도 흩어져 아무것도 남지 않는 구름처럼 잠시 왔다 가는 헛되고 부질없는 형상만을 위해 뒤돌아볼 겨를 없이 앞만 보고 달리고 있다.

안타깝게도 우리는 가족을 잊고 살다가 죽을 때가 돼서야 후회하는 사람들을 많이 보았다. 때로는 세상에서 제일 소중한 가족을 위해 무엇을 하고 있나 성찰해 봐야겠다. 후회 없는 삶을 위해서다.

4부 웰빙, 웰에이징, 웰다잉

우아하게 살다 가기

사람들은 누구나 우아하게 살다가 세상을 떠나고 싶다고 말한다. 《젊은 베르테르의 슬픔》이란 작품으로 세상 사람들을 매료했던 불세출의 작가 독일의 요한 괴테Johann Goethe는 노인의 삶을 '상실'이라는 단어로 표현하며 건강과 돈, 일, 그리고 친구, 꿈의 소중함을 강조했다. 그리고 죽을 때까지 우아하고 기품 있게 사는 방법에 관해 이렇게 말했다.

첫 번째, 건강한 육체를 유지해야 한다. 건강하지 못하면 모든 것이 의미가 없어진다. 아무리 돈이 많아도, 권력이 하늘을 찌르는 사람도, 아무리 머리가 좋은 사람도 건강을 잃는 순간 모든 것이 무너지고 가지고 있던 모든 것이 무용지물이 된다. 건강은 젊었을 때부터 잘 관리해야 한다. 이는 누구나 잘 알고 있지만 안타깝게도 병이 나서 죽을 때가 돼서야 절실하게 깨닫게 된다. 더 늦기 전에, 더 늙기 전에, 지금부터라도 철저하게 건강을 유지해야 한다. 우리나라에서 가장 큰 기업을 운영하던 그룹의 회장이 돈이 없어서 6년 가까이 식물인간으로 살다가 죽었겠는가? 내로라하는 의사를 몰라서 그랬겠는가? 돈을 잃으면 조금 잃는 것이고, 명예를 잃으면 많이 잃는 것이고, 건강을 잃으면 모든 것을 잃는 것이다.

두 번째, 누구에게 손 벌리지 않아도 될 만큼 재산이 있어야 한다. 스스로 노인이라고 생각이 들 때면 이제는 돈을 벌어야 할 때가 아니고 돈을 잘 써야 할 때다. 쓸 돈이 없다고 말을 하는 노년은 비참하게 살 가능성이 높다. 돈을 쓴다는 것은 무조건 나쁜 것이 아니다. 소중한 사람을 위해서, 하고 싶은 일을 위해 쓰는 돈은 낭비가 아니다. 돈 앞에 당당하고 자신 있게 살아야 할 일이다. 그래서 즉시 현금화할 수 있는 노후 비용은 젊어서부터 준비해야 한다.

세 번째, 손에서 일을 놓지 말아야 한다. 스스로 노인이라고 생각하는 사람들에게 묻고 싶다. 당신은 몇 살부터 노인이 되었는가? 나이가 들었다고 해서 일에서 손을 놓는다면 그때부터 죽는 날만 기다리게 되는 것이다. 우리나라의 평균수명이 70세를 약간 상회하던 1990년대까지만 해도 은퇴 후 10여 년 살다가 죽었는데 지금은 은퇴하고 보통 30년은 더 산다. 일이라고 해서 꼭 돈을 벌어야 하는 것은 아니다. 그동안 배우고 익힌 경험과 지식, 지혜를 자원봉사 등을 통해 가정과 사회에 환원하는 일도 의미 있는 일이라 하겠다. 노년의 일은 자신에게뿐만 아니라 주위 사람들에게도 기쁨과 즐거움을 준다. 죽을 때까지 삶을 지탱해 주는 것은 사랑과 일뿐이다.

네 번째, 언제라도 필요하면 만날 수 있는 친구가 필요하다. 노년기에 접어들어 제일 힘든 것이 고독과 소외감 그리고 존재감과 역할의 상실이다. 노년을 같이 보낼 좋은 친구를 많이 만들어 두어야 한다. 좋은 친구를 만들려면 내가 먼저 좋은 친구가 되어 주어야 한다. 여기에는 시간과 정성, 관심과 때로는 돈도 들어가야 한다는 사실을 잊어서는 안 된다.

다섯 번째, 죽는 날까지 꿈을 잃지 말아야 한다. 노년의 꿈은 대부분 내세에 관한 소망이다. 꿈을 잃지 않기 위해서는 자기 성찰의 시간이 필요하다. 신앙생활을 할 수도 있다. 그러나 자신의 신앙적 신념이나 가치관을 남에게 강요해서는 안 된다. 어떠한 상황에서도 남에게 설교를 하지 말고 자신의 신념에 따라 모범을 보여야 한다. 독수리가 새 중의 왕이 될 수 있는 것은 다른 새들에게는 없는 넓은 시야를 가졌기 때문이다. 소인배의 눈에는 바로 눈앞의 나무만 보이지만 인생을 성공적으로 산 사람은 나무 뒤의 산을 볼 줄 아는 능력이 있다.

지식과 지혜가 가득 차면 가만히 있어도 그 품위가 절로 빛나게 되어 있다. 우리에게 남아 있는 것은 '여생'이 아니라 '본생'이다.

내 손으로 만드는 삶의 품격

　옛날 농경 사회를 지나 산업화 시대까지는 경험으로 숙련된 사람, 생산성도 높고 사고율이 적었던 나이 많은 사람들이 가정과 사회를 주도하였다. 그러나 오늘날의 지식 정보사회에서는 젊은이들이 단연 앞서고, 지식이나 정보를 얻는 속도가 더딘 노인들의 기회가 적어졌다. 점점 노인들이 설 자리가 없어지는 현실이 안타깝다.

　요즘 젊은 사람들의 눈에는 노인들이 어떻게 비춰질까? 잉여자원, 주변인, 물 먹는 하마, 끝도 없이 늘어만 가는 기초 연금의 원인, 젊은이들의 일자리를 빼앗는 존재 등으로 비춰진다고 해도 틀린 말은 아닐 것이라 생각한다. 작금의 현실 속 노인들이 가정과 사회에서 소외되지 않고 품격을 유지하기 위해서 꼭 지켜야 할 일이 있다.

첫 번째로 해야 할 말과 하지 말아야 할 말을 구분해야 한다. 대상이 누구든지 어떤 말을 하기 전에, 내가 하고자 하는 말이 선한 말인지 악한 말인지, 내가 하고자 하는 말이 꼭 필요한 말인지 그렇지 않은지, 또 하고자 하는 말이 친절한 말인지 그렇지 않은지를 먼저 생각해 볼 필요가 있다. 인간관계 속 갈등의 90% 이상이 말 때문에 생긴다. 말 때문에 서로 미워하게 되고 상대방에게 평생 씻을 수 없는 상처를 준다.

어디서 누구와 말을 하든지 "미안합니다, 고맙습니다, 사랑합니다, 덕분입니다, 행복하세요, 힘내세요, 대단하십니다, 잘될 겁니다."라는 말을 입에 달고 살면 품격 유지의 반은 성공했다고 봐도 괜찮을 것이다.

말은 좋은 말부터 해야 한다. 논평보다는 덕담을 하는 습관은 학습이 가능하다. 노력을 꾸준히 하면 고쳐진다는 이야기다. 말을 정말로 잘하는 사람은 남의 말을 잘 들어 주고 공감할 줄 아는 사람이다.

두 번째로 큰돈이 아니더라도 돈을 잘 써야 한다. 무리할 필요는 없지만 어디서든 돈을 잘 내는 사람이 대우받는다. 다 그런 것은 아니지만 주로 돈을 내는 사람이 대화를 주도하거나 중심이 되는 것을 우리 사회에서 많이 볼 수 있다. 개인적인 경험으로는 돈과 인심을 먼저 쓰고 자주 쓰는 사람이 리더 역할을 하는 경우가 많았다. 일상생활 속에서 얼마든지 돈을 잘 쓰는 방법이 있다. 이발소, 미장원, 목욕탕에서 항상 약간의 팁을 주는 방법이다. 한두 번 주고 고맙다는 말을 기대하는 것이 아니라 늘 몸에 배어 있어야 한다. 식당에 가서도 "맛있었습니다. 좋은 서비스 해 주셔서 감사합니다."라는 말과 함께 겸손한 마음을 담아 전달한다면 상대방은 그 사람을 꼭 기억한다. 이렇게 몇 번만 해도 상대방이 틀림없이 알아보고 먼저 와서 인사를 하게 마련이다.

세 번째로 삶의 프로그램을 바꿔야 한다. 혹시 오전을 살기 위해 세워 놓은 프로그램으로 저녁까지 살려고 하지 않나 가끔은 점검해 볼 일이다. 오후와 저녁에는 분명히 오전과는 다른 프로그램으로 살아야 한다. 10대, 20대 때 세운 인생의 목표로 60대, 70대를 살려고 하기 때문에 현실과 맞지 않는 일로 고생하지 않았는지 가끔은 뒤돌아볼 필요가 있다. 나이가 들어 가면서 상황에 맞는 내 인생의 계획서를 새로 만들어야 한다.

나의 능력을 키우기 위해서는 새로 공부해야 한다. 오늘 우리 사회는 하루가 다르게 변하고 있다. 은행에 가서 돈을 송금하려면 한 시간 이상 기다릴 때가 있다. 키오스크 사용법을 몰라 밥을 못 먹을 수도 있는 시대에 우리는 살고 있다. 새로 배워야 남은 시간을 잘 살 수 있다.

노인은 늙은 사람이고 어르신은 존경받는 사람이다. 노인은 몸과 마음이 세월이 가면 자연히 늙는다고 생각하는 사람이고 어르신은 품격 있는 사람으로 살기 위해 스스로 노력하는 사람이다. 노인은 간섭하고 잘난 체, 있는 체하는 재미로 사는 사람이고 어르신은 스스로 절제할 줄 알고, 알아도 모른 체하고 겸손하고 느긋하게 사는 사람이다. 노인은 이제 더는 배울 것이 없어 자기가 최고인 양 생각하는 사람이고 어르신은 언제나 배워야 한다고 생각하는 사람이다.

최고의 내공이란?

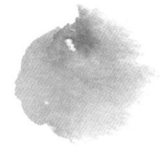

《장자》의 〈달생편〉에 나오는 이야기다. 닭싸움을 유난히도 좋아했던 주나라의 어떤 왕이 당시 싸움닭 조련사로 전국에 이름을 떨치던 기성자라는 사람에게 자기 닭을 최고로 싸움을 잘하는 닭으로 만들어 달라고 부탁했고, 기성자는 왕의 부탁대로 싸움닭을 훈련 시키기 시작했다. 열흘이 지난 후 성왕은 기성자를 불러 이제 닭싸움 대회에 출전해도 손색이 없겠는지 물었다.

"아직 멀었습니다. 닭이 어느 정도 훈련이 되어 싸울 수는 있으나 꼭 이기리라는 보장은 없습니다."

"무슨 연유인가?"

"닭이 강하긴 하나 자기가 최고인 줄 아는 교만함이 넘칩니다."

다시 열흘이 지나자 왕은 다시 물었다.

"이제 출전시켜도 되겠는가?"

"아직 안 됩니다. 교만함은 버렸으나 다른 닭의 울음소리나 행동에 무분별하게 반응하기 때문에 인내심을 더 길러야 합니다."

다시 열흘 뒤에 이제는 되었느냐고 왕이 물었다.

"아직도 훈련이 덜 되었습니다. 눈초리가 아주 공격적이라 적에게 감정 상태가 다 노출되어 상대방에게 먼저 공격을 당할 수가 있습니다. 아직은 아닙니다."

마침내 40일째 되는 날 기성자는 마당에서 한가롭게 걸어 다니는 닭을 가리키며 왕에게 말했다.

"바로 저 닭이 왕께서 원하시는 천하무적의 닭이옵니다. 아무리 강한 닭이 소리를 지르고 덤벼들어도 조금도 허점을 보이거나 동요하지 않습니다. 멀리서 보면 나무로 만들어 놓은 닭과 같습니다. 공격하려던 상대편 닭이 위엄과 강한 빛을 발하는 저 닭의 눈초리에 제풀에 겁을 먹고 슬그머니 꼬리를 내립니다. 싸움 자체를 하지 않고도 단번에 상대를 제압해 버리는 셈이죠."

이 이야기는 손자병법의 '칼을 들고도 휘두르지 않고 상대방을 제압하는' 상지상上之上 병법과 같다. 우리는 예화에서 보듯 싸우지 않고 싸움에서 이기는 방법을 배울 수 있다. 나이가 들어갈수록 교만함을 버리고 매사에 겸손해야 한다. 세상의 소문과 이목에 그리고 칭찬과 비난에 일희일비하지 말라는 가르침이다. 항상 좋은 인상과 언행으로 상대방의 공격에 대응하고 마음의 평정을 유지하라는 교훈을 배울 수 있다.

요즘 세상이 혼란스럽다. 서로 간에 무책임하게 쏟아내는 비수를 품은 언어 테러와 혼탁한 비난들이 세상을 지배하고 있다. 우리 모두 스스로의 신념과 철학을 바탕으로 당당하게 내면의 힘을 길러야 할 때다. 철저한 자기 수양을 통해 높은 내공을 쌓아 보자.

존경받는 어른의 다섯 가지 모습

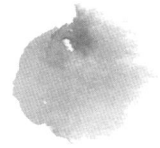

지금의 노인 세대는 인생의 전반부 대부분을 '빨리빨리 철학'으로 살아왔다. 그래야 먹고사는 데서도, 성공하는 데서도 남에게 뒤지지 않을 수 있었기 때문이다. 그러나 느릿느릿하게 깊이를 즐기며 삶의 지혜와 지식을 기부하면서 살아갈 수 있다면 그것이 삶의 질 높은 노년이 아닐까 생각해 본다.

이제 인생의 후반부를 어떻게 즐기며 살지 고민하는 일에 인색하지 말아야 한다. 이제부터라도 가정이나 사회에서 존경받는 어른으로 살아가기 위해 실천해야 할 것이 몇 가지가 있다.

첫째, 나이가 들수록 몸과 마음이 가벼워야 한다. 나이가 들수록 집안이든 주변이든 깨끗해야 한다. 자신에게 필요 없는 재산은 과감하게 정리하고 패물이나 유산은 남기기보다는 본인에게 필요한 여생 유지 비용을 제외하고는 살아생전에 선물로 나누어 주는 것이 효과적이고 받는 이의 고마움은 배가될 수 있으며 본인 역시 살아서 대우받을 수 있다. 죽어서 백번 대우받는 것이 무슨 의미가 있겠는가?

둘째, 귀는 열고 입은 무겁게 한다. 나이가 들어가면서 사람들은 자기의 존재감을 나타내기 위해 본능적으로 어디서나 대화의 주도권을 잡으려 하는 특성이 있다. 그러다 보니 말이 많아진다. 그리고 남의 이야기를 좀처럼 들으려 하지 않는다. 장광설과 훈수는 어느 자리에서도 분위기를 망치고 사람들을 지치게 한다. 나중에는 아예 그런 사람은 어떤 모임에서도 부르지도 않는다. 말을 많이 하는 대신 박수를 많이 쳐 주고 공감하고 칭찬을 많이 하는 것이 환영받는 비결이다.

셋째, 응원하고 격려하라. 어디 가서도 언제나 밝고 유쾌한 분위기를 유지하는 것이 좋다. 지혜롭고 활달한 이는 주변을 항상 활기차게 만든다. 짧으면서도 의미가 있고 재미있는 말을 웃으면서 한다면 어디서든지 환영받을 수 있다. 독창적이고 창의력 있는 유머 한두 가지를 곁들일 수 있다면 더 바랄 것이 없다. 어디서든지 응원자, 격려자가 되어야 한다.

넷째, 여기저기 기웃거리지 말고 일을 해야 한다. 누가 뭐라 해도 노후를 여유롭게 보내는 최고의 방법은 평생 일을 하는 것이다. 나이가 들어서도 경제활동을 한다는 것은 단순히 돈을 버는 수단의 개념을 넘어서 자기의 존재 가치를 확인하고 삶의 의미와 보람을 느끼게 하는 근원이기 때문이다. 여러모로 풍요롭고 떳떳한 노후를 보내려면 결코 일에서 손을 놓으면 안 된다.

다섯째, 마음을 비우고 어디서나 봉사해야 한다. 욕심을 버리면 스스로 겸손해지고 마음을 비우면 세상이 밝게 보인다. 높고 파란 하늘이 보이기 시작한다. 그동안 앞만 보고 달리다 보니 행복이 머릿속에만 있었지 가슴으로 느끼지 못하고 살아왔다. 우리는 그동안 원했든지 원치 않았든지 평생을 가정과 사회의 혜택 속에 많은 신세를 지고 살아왔다. 남은 인생, 이제는 남을 위해 봉사하고 산다는 것, 내가 먼저 베풀고 사는 것이 스스로 복을 짓고 사는 길이다. 하찮은 일이라도 내가 먼저 베풀고 양보하고 실천하는 삶을 산다면 모든 이들에게 좋은 인상을 주고 나 또한 행복해지지 않겠는가?

지옥으로 간 김 진사

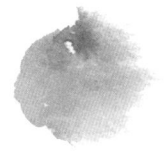

한 스님이 절에서 먼 마을로 시주를 받으러 갔다가 날이 저물어 하룻밤 묵어갈 만한 집을 찾았다. 스님이 막 잠이 들려 하는데 주인 영감과 하인 마당쇠가 하는 이야기를 어렴풋이 듣게 되었다.

"마당쇠야! 어제 아침나절에 아랫마을에 사는 김 진사가 죽었다고 하는데 얼른 가서 김 진사가 극락으로 갔는지 지옥으로 갔는지 알아보고 오거라!"

"예, 어르신. 얼른 다녀오겠습니다."

스님은 그 소리에 잠이 확 깨었다. 그리고 이렇게 중얼거렸다.

"나는 평생을 머리 깎고 밤낮으로 염불을 외고 참선 수행을 했는데 사람이 죽어 극락으로 갔는지 지옥으로 갔는지 당최 알 수가 없었다. 그런데 그것을 어떻게 알 수 있는지 이해할 수가 없구나."

한참 후 마당쇠가 돌아와 말했다.

"영감마님! 김 진사는 지옥으로 갔다고 하옵니다."

스님은 기가 막혔다. 그 누가 죽은 김 진사가 지옥으로 가는 걸 보았다는 말인가? 다음 날 아침 다른 하인이 주인 영감에게 윗마을에 사는 최 부자가 죽었다고 아뢴다. 주인 영감은 다시 마당쇠를 불러 이번에는 윗마을에 가서 최 부자가 극락에 갔는지 지옥으로 갔는지 알아보고 오라고 지시했다. 윗마을에 다녀온 마당쇠가 아뢰었다.

"마님! 최 부자는 극락으로 갔다고 하옵니다."

스님은 기가 막혔다. 저 마당쇠가 죽은 사람이 어디로 갔는지를 어떻게 알 수 있단 말인가? 궁금증을 참지 못한 스님은 주인 영감에게 사정했다.

"처사님! 죽은 사람이 지옥에 갔는지 극락으로 갔는지 저 마당쇠가 어떻게 알 수 있단 말입니까? 무슨 신통력이라도 가진 건가요?"

그러자 주인이 미소를 지으며 말하였다.

"그런 것이 아닙니다. 죽은 사람의 동네에 가면 그 사람이 지옥으로 갔는지 극락으로 갔는지 금방 알 수 있지요. 문상을 온 사람들이 그 사람을 두고 평생 나쁜 일만 하고 남을 괴롭혔으니 지옥으로 갔을 거라고 말했다면 갈 데가 어디 있겠습니까? 지옥밖에 없지 않겠습니까? 반면에 세상에서 선한 일만 하고 남을 많이 도와주고 베풀기를 많이 했다고 하며, 다른 사람들이 그 사람의 죽음을 아쉬워한다면 그 사람은 틀림없이 극락에 갈 것이 아니겠습니까?"

사람은 살아 있을 때 지옥 가는 길, 극락 가는 길을 자신이 정한다는 것을 깊이 깨달은 스님은 평생 법문을 설파하면서 극락 가는 업을 미리 쌓으라고 가르쳤다고 한다. 나는 그동안 살아오면서 지옥에 갈 업을 쌓고 살았는가, 극락에 갈 업을 쌓았는가? 스스로 생각해 볼 일이다.

노벨 문학상 작가와 황희 정승

장편소설 《대지》로 1938년 여성 최초 노벨 문학상을 수상한 미국의 펄 벅Pearl Buck이 1960년 한국을 처음으로 방문했을 때 이야기다. 그녀는 경주를 방문했는데 서산에 해가 기울 무렵 어느 늙은 농부가 지게에 볏단을 커다랗게 한 짐 지고 소달구지에도 볏단을 싣고 힘들게 가는 모습을 우연히 보게 되었다. 펄 벅은 그러한 광경을 처음으로 보는지라 농부에게 이렇게 물었다.

"지게의 짐을 소달구지에 실어 버리면 힘이 덜 들지 않겠습니까?"

늙은 농부가 말했다.

"어떻게 그럴 수가 있습니까? 나도 종일 일했지만 이 소도 새벽에 나와 똑같이 논에 나와 지금까지 일을 했는데요! 아무리 미물이라도 나와 똑같이 힘이 들 텐데 무거운 짐을 나누어서 가지고 가야지요."

당시 우리나라 농촌에서 누구나 흔히 볼 수 있는 모습이었다. 깊은 감동을 받은 펄 벅은 미국으로 돌아간 뒤 어느 글을 통해 이 장면을 '살면서 본 가장 아름다운 풍경'으로 소개하였다. 또 한번은 펄 벅이 늦가을 감나무 꼭대기에 감이 몇 개 달려 있는 것을 보았다. 나무에 올라가기 힘들어서 남긴 것이냐고 물었더니 감나무 주인이 답했다.

"아닙니다. 추운 겨울에 눈이 많이 내려 먹이를 구하지 못하는 새들을 위해 남겨 두는 날짐승들의 밥입니다."

이 설명에 펄 벅은 또 큰 감동을 받았고, 주변의 과일나무를 둘러보며 나뭇가지마다 과일 몇 개씩은 여지없이 달려 있음을 깨달았다. 펄 벅은 이 감동의 현장을 목격한 것 하나만으로 한국에 오기를 잘했다고 적었다. '새들의 밥'을 남겨 두는 마음, 기르는 소를 내 몸보다 더 아끼는 고귀한 사랑을 실천하는 곳이 우리 선조들의 인정이었다. 우리 선조들은 자연과 사람의 뿌리가 하나임을 알았다. 그래서 봄에 씨앗을 심을 때도 씨를 서너 개씩 넉넉히 뿌렸다. 씨앗 하나는 날아다니는 새에게, 또 다른 씨앗 하나는 땅속의 벌레에게, 나머지 씨앗 하나는 나에게!

세종대왕에게 가장 큰 신임을 받았고 18년 동안 영의정을 지냈던 황희 정승이 길을 가다가 나이 든 농부가 두 마리의 소를 가지고 밭을 갈고 있는 것을 보게 되었다. 황희는 영의정이란 신분을 밝히지 않고 호기심 반 농담 반으로 큰 소리로 이렇게 물었다.

"누렁이 소와 검은 소 중 어느 소가 일을 더 잘합니까?"

그러자 농부가 일손을 멈추고 밭에서 내려와 황희의 귀를 잡고 귓속말로 조심스럽게 누렁이 소가 일을 더 잘한다고 답했다. 황희는 그냥 밭에서 대답하면 되는데 농부가 굳이 힘들게 쫓아 내려와서 이야기한 이유가 궁금했다. 농부는 이를 두고 이렇게 말했다.

"두 마리 다 똑같이 힘들게 일을 하는데 어느 한쪽이 잘한다고 말하면 다른 한쪽이 얼마나 상처를 받겠소! 아무리 짐승이지만 말을 함부로 해서는 안 될 일이라 생각합니다."

크게 깨달음을 얻은 황희는 이후 평생 남의 부족한 점을 절대로 입 밖에 내지 않았다고 한다. 기르던 짐승들에게조차도 인정을 가지고 배려했던 우리 선조들의 지혜와 인정은 언제 들어도 고개가 절로 숙여진다. 이런 선조들의 일화를 듣거나 읽기만 해도 마음이 훈훈해지고 지혜와 인품과 따뜻함이 시대를 초월해서 그대로 전해지는 것 같다.

회복과 극복도 습관이다

'권투 선수' 하면 4전 5기의 주인공 홍수환 선수가 생각난다. 1977년 11월, 세계 챔피언이 되기 위해 파나마로 날아간 홍수환 선수는 당시 '핵 주먹'이라고 알려졌던 헥토르 카라스키야Hector Carrasquilla라는 선수에게 도전했다. 상대의 11전 11승(11 KO승)이라는 전적이 말해 주듯 모두가 무모한 도전이라고 말했고 홍수환이 얼마나 오래 버틸 수 있을까가 관건이었던 경기였다.

놀랍게도 홍수환은 4번 다운을 당하면서도 일어나고 또 일어나 상대방을 기적같이 KO시키고 극적인 역전승을 거두며 세계 챔피언이 되었다. 그 경기는 당시 온 국민에게 희망을 안겨 주었던, 몇십 년이 흘렀어도 잊지 못하는 경기였다.

넘어졌다가도 벌떡 일어나서 언제 그랬냐는 듯 또 주먹을 휘두르며 상대를 향해 달려드는 것, 우리는 이것을 맷집이라고 한다. 몸에 맷집이 있는 것처럼 마음에도 맷집이 있다. 이것을 '회복 탄력성'이라고 한다. 마치 고무줄이나 스프링 같다. 수많은 좌절을 겪고도 다시 일어나 도전한다. 넘어지고 일어서는 걸 반복하다 보면 좌절을 견디는 능력이 길러진다.

세상은 우리에게 실패를 두려워하지 말고 끝까지 도전하라고 말한다. 이유는 간단하다. 넘어지고 일어나면서 마음 안에 회복 탄력성이 생기기 때문이다. 한 번 맞았다면 다음에는 비슷한 수준의 펀치를 맞아서는 결코 넘어지지 않는다. 그런데 펀치를 한 번도 맞아 보지 않은 선수는 툭툭 치는 잽을 맞고도 쓰러진다. 평생 좌절이라고는 겪어 본 적이 없는 사람들이 아주 작은 스트레스 상황에서 나쁜 선택을 하는 경우를 가끔 본다. 이들은 좌절을 견디는 마음의 회복 탄력성이 떨어지는 사람들이다.

결국 성장하려면 수많은 잽을 견뎌야 한다. 우리 주변에서 어떤 분야에서든지 성공한 사람들을 보면 그들은 모두 마음의 회복 탄력성이 뛰어난 사람들이다.

고통이란 보자기에 싼 보물

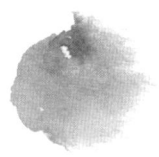

살다가 정말로 힘들고 어려운 일을 만나면 이렇게 점검해 보자. 첫째, 내가 가고자 하는 방향으로 제대로 가고 있는지 확인해 보자. 서울에 가려고 고속도로에 들어섰는데 부산 방향으로 가면 아무리 열심히 쉬지 않고 달린다고 서울이 나오겠는가? 서울은 점점 멀어져 갈 뿐이다. 우리는 엉뚱한 목표, 실현 불가능한 목표를 세워 놓고 무조건 앞만 보고 달리다가 목표의 근처에도 가 보지 못하고 지쳐 버린다. 그러고는 절망하고 원인을 주변 사람에게 돌리거나 시스템을 탓하기도 한다.

둘째, 초심과 같은 열정을 지금도 유지하고 있나를 살펴보자. 실패는 대부분 나태로부터 온다. 매너리즘이 우리의 목표를 서서히 좀먹기 시작한다. 가끔은 내가 원하는 목표가 무엇이고 나는 지금 그 목표를 달성하기 위해 무엇을 하고 있는가를 점검해 봐야 한다.

〈나니아 연대기〉의 원작자인 영국의 C. S. 루이스Lewis가 쓴 《스크루테이프의 편지》에 이런 이야기가 나온다. 경험이 많고 교활하기 짝이 없는 악마 스크루테이프가 풋내기 조카 웜우드에게 인간을 속이는 서른 가지의 비법을 가르쳐 준다. 그중에 한 가지를 소개한다.

"얘야! 인간은 두 가지의 종류가 있단다. 이성이 있는 인간과 이성이 없는 인간. 이성이 없는 인간에게는 그냥 막 살라고 해! 먹고 싶은 것, 하고 싶은 것, 하지 말아야 할 것 모두 하라고 말해! 그런데 말이야! 이성이 있는 인간들에게는 절대로 해서는 안 되는 일이 한 가지 있단다. 그런 인간들에게 고통을 줘서는 절대 안 돼! 왜냐하면 인간들은 고통스러우면 자기들의 삶을 뒤돌아보고 수정하는 습관이 있거든! 그냥 그대로 살라고 내버려둬. 그러면 아마 30년쯤 열심히 살 거야, 그러면 그 인간이 어느 정도 위치에 올라갈 테지. 그런데 말이야! 인간들이 얼마나 어리석냐면 자신이 최선을 다해서 사느라 해친 건강을 다시 찾기 위해 그동안 애써 번 돈을 몽땅 써 버린단다. 그리고 건강을 찾을 때쯤 죽어 버릴 거야. 기뻐하렴! 건강을 끝내 찾지 못하고 죽는 사람들이 더 많단다. 그러니 절대로 인간에게 고통을 주지 마. 인간은 고통을 당하면 뒤돌아보는 습성이 있단다. 인간들이 원하는 대로 다 잘되게 내버려두다가 한 방에 날려 버리렴. 알았지?"

사실 고통과 어려움은 악마가 주는 것이 아니라 신이 내리는 축복일지도 모른다. 보자기에 싼 보물이라고나 할까! 왜냐하면 우리는 고통 덕에, 더 많은 것을 잃기 전에 방향과 방법을 수정할 수 있기 때문이다.

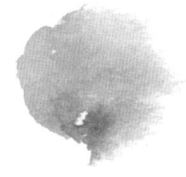

내 생의 마지막 15분이 주어진다면

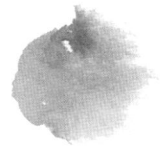

한평생 열심히 살고 이제 경제적으로도 사회적으로도 허리를 펼 수 있게 된 어떤 노인이 갑자기 세상을 떠나게 되었다. 살 만한데 갑자기 죽게 되어 너무 억울한 나머지 이 노인은 염라대왕에게 따지고 들었다.

"지금까지 열심히 살았고 이제 살 만하여 가족과 세상 사람들을 위해 지금부터 선을 베풀려고 했는데 이렇게 갑자기 저를 데려오면 어떻게 합니까?"

요즘엔 죽었다 다시 살아난 사람이 있다는 걸 알고 있는 노인은 다시 이승으로 보내 달라고 졸랐다. 염라대왕이 답했다.

"너에게 여러 번, 여러 가지 통로를 통해 신호를 보냈다. 그런데 너는 바쁘다는 핑계로 전혀 귀담아듣지 않더구나. 얼굴을 주름지게 했고, 허리가 구부러지게도 했으며, 온몸에 검버섯도 피게 했다. 그리고 몸을 여기저기 아프게 하여 빨리 알아차리도록 경고를 보냈었다. 살 만큼 살았으니 이제는 좀 편히 살라고 여건도 만들어 주었다. 눈이 잘 안 보이게 하여 보지 말아야 할 것을 못 보게 했고, 귀가 안 들리게 하여 듣지 말아야 할 것을 못 듣게 했고 여기저기 관절을 닳게 하여 멀리 가지 못하게도 했는데, 그래서 충분히 시간을 주고 정리할 수 있게 했는데 너는 그것을 알아채지 못하고 그저 앞만 보고 달리더구나! 너는 100년도 살지 못하면서 1,000년을 살 것처럼 행동하더구나. 생전 죽지 않을 것처럼 말이야!"

그러더니 염라대왕은 노인에게 이런 이야기를 하나 들려주었다. 어려서부터 총명하기로 소문난 청년이 있었다. 이 청년은 아주 뛰어난 성적으로 박사과정을 수료하고 논문 심사에서도 극찬을 받았다. 모든 것이 희망적이고 앞길이 탄탄대로라고 누구나 생각하고 있었는데 어느 날 이 청년은 가슴에 심한 통증을 느끼게 된다. 정밀 진단 결과는 충격적이었다. 의사는 청년에게 앞으로 15분밖에 살 수 없다고 했고 청년은 그만 실신하고 말았다. 그렇게 5분이 시간이 흘렀다. 이때 병실로 전보 한 통이 날아들었다.

"억만장자인 당신의 삼촌이 방금 돌아가셨습니다. 당신이 상속자로 지명되었으니 속히 상속 절차를 밟아 주십시오."

그러나 10분밖에 살 시간이 없는 그 청년에게는 막대한 유산이 아무 필요가 없게 되었다. 그러는 동안 운명의 시간은 또 줄었다. 그때 또 한 통의 전보가 도착했다.

"당신의 박사 학위 논문이 올해의 최우수논문으로 인정돼 상을 받게 되었습니다."

이 전보도 청년에게 아무런 위안이 되지 않았다. 다시 절망에 빠진 그에게 세 번째 전보가 도착했다. 그토록 기다렸던 연인의 결혼 승낙이었다. 하지만 그 전보도 그를 일으켜 세울 수 없었다. 그 어떤 기쁜 소식도 운명의 시계를 멈추게 할 수는 없었다. 마침내 15분이 지나 청년은 숨을 거두었다.

생을 얼마 남겨 놓지 않은 사람들에게 만약 다시 생이 주어진다면 어떻게 살고 싶은지 물었더니 3가지 답변이 돌아왔다고 한다. 첫 번째는 '스스로 즐거운 인생'을 살아 보겠다는 것이었다. 늘 남에 보이기 위해 어쩔 수 없이 살았더니 인생에 남은 것은 한恨뿐이라는 것이다. 두 번째는 작은 것에 너무 몰입하고 앞만 보고 달리는 삶을 살았기에 내가 하고 싶은 것을 하면서 삶을 살고 싶다고 했다. 세 번째는 무엇이든 많이 나누면서 살겠다는 것이었다. 돌아보면 재물이든, 마음이든 나누는 것만큼만 내 것이었기 때문이다.

가장 높은 곳에서 겸손했던 사람

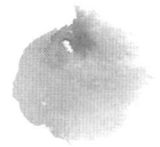

2024년 12월 29일, 미국의 39대 대통령이었던 지미 카터Jimmy Carter가 100세의 나이로 별세했다. 그는 미국 조지아주의 별장에서 가족들이 지켜보는 가운데 평화롭게 세상을 떠났다. 미국 역사상 가장 장수한 대통령으로 기록된 그는 정치인으로뿐만 아니라 인류애와 평화를 실천한 세계적인 인물이었다. 지미 카터는 대통령으로 현직에 있을 때보다 퇴임 후 세상에 끼친 긍정적인 영향이 훨씬 더 큰 것으로 알려졌다. 그는 1980년 미국 대통령 재선에 도전했다가 로널드 레이건Ronald Reagan 대통령에게 패배하며 정계 은퇴를 선언했다.

지미 카터는 대통령이 되기 전에 미국 조지아주에서 땅콩 농장을 운영했으며 그때 이미 지역사회에서 존경받는 인물이었다. 그는 대통령 선거 유세 중 자신을 '정직한 농부'로 표현하며 국민들에게 친근하게 다가갔다. 당시 미국은 정치에 대한 불신이 커져 있을 때였는데 그는 거짓말을 하지 않겠다는 약속을 실천하며 신뢰를 얻어 대통령에 당선되었다.

퇴임 후 지미 카터가 '해비타트Habitat for Humanity'라는 자선단체와 함께 가난한 사람들에게 집을 지어 주는 일에 직접 장비를 들고 참여한 이야기는 아주 유명하다. 90세가 넘어서까지도 망치를 들고 직접 집을 짓는 모습이 자주 목격되었으며, 이는 "세상을 향해 봉사하는 것이 나의 행복이다."라는 말을 실천한 대표적인 행동이었다. 그는 퇴임 후 명성을 쌓을 수 있는 기회가 많이 있었지만 모두 사절하고 방 두 칸짜리 집에서 검소하게 살다가 세상을 떠났다. 생전에 사업가 지인들이 제공하겠다는 전용 비행기를 마다하고 늘 여객기 이코노미석을 타고 다녔고 건강이 악화될 때까지 시골 교회의 주일 학교에서 아이들을 가르치는 활동에 헌신했다.

그는 생전에 30여 권의 책을 출간해서 많은 분야에 공헌했지만 자신을 거물로 여긴 적이 없었고, 거물인 것처럼 행동하는 사람들을 싫어했다. 지미 카터의 삶은 권력과 명예를 넘어 정직, 봉사, 책임감 그리고 평화를 위한 진정한 실천이 얼마나 중요한지를 보여 주었다. 그는 타인을 위한 삶이 가장 가치 있는 삶이라는 것과 진정한 힘은 지위나 권력이 아닌 훌륭한 인격에서 나온다는 것을 우리 모두에게 유산으로 남겼다.

그는 "시신이 여기저기 거쳐 가면 내가 죽어서도 여러 사람을 힘들게 하는 것이니 조용히 비행기로 날라 고향에 묻어 달라."라는 말을 남기고 70년 넘게 해로했던 아내 로잘린 여사가 2023년 11월에 먼저 묻힌 고향 마을 연못 가장자리 버드나무 아래 묘소에 안장되어 영면하게 되었다.

여전히 겸손이 덕목인 이유

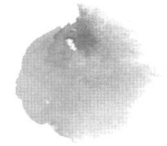

어느 고을에 바둑을 엄청나게 잘 둔다고 소문이 난 욕심쟁이 대감이 살고 있었는데 웬만한 사람들은 그 대감을 당해 내지 못했다. 그런데 이 대감은 고약한 버릇이 있어 내기 바둑을 두어서 남의 물건을 인정사정없이 빼앗곤 했다.

어느 날 아주 초라한 차림의 한 선비가 찾아와 내기 바둑을 청하였다. 자신만만한 대감이 선비더러 내기에 무엇을 걸 것인지 물었다.

"제가 가진 거라고는 제가 타고 온 이 말 한 마리밖에 없으니 이 말을 걸겠습니다."

"그래, 그러면 나는 말 두 필을 걸겠네. 꼭 나를 이겨서 말 두 필을 가지고 가게나!"

결과는 대감의 대승이었다. 내기 바둑에 진 선비는 두말없이 타고 온 말을 넘겨주고 다음 날 정중하게 인사를 하고 가던 길을 떠났다.

"한 수 잘 배웠습니다. 듣던 대로 역시 대단하십니다."

그로부터 한 달이 지난 후 그 과객은 다시 대감을 찾아와 재대결을 청했다.

"먼젓번에 대감마님께 큰 가르침을 얻었습니다. 저는 과거 시험에 낙방하여 고향으로 돌아가는 길인데, 인사도 드릴 겸 귀한 한 수를 더 배우고자 합니다."

"지난번 대결에서 자네는 나에게 형편없이 져서 말 한 마리를 잃었는데, 이번에는 무엇을 걸 텐가?"

"예, 제가 이기면 지난번에 말씀하신 좋은 말 두 필과 은 100냥만 주시고, 만약 제가 다시 패하면 고향 집에 있는 논 열 마지기를 드리겠습니다."

'이게 웬 떡이냐' 하고 대감은 자신감에 넘쳐 선뜻 재대결에 응했다. 그런데 이번에는 선비가 불계승으로 가볍게 이겼다.

"아니 불과 한 달 만에 이토록 실력이 늘었단 말인가?"

대감의 탄식을 들은 선비가 껄껄 웃으며 말했다.

"애당초 저는 대감마님보다 바둑 실력이 몇 수 높았습니다. 지난번에는 제가 일부러 져 드렸을 뿐입니다. 제가 과거 시험을 보기 위해 말을 타고 왔으나 여비가 넉넉지 못해 말을 먹이고 재울 데가 없었습니다. 그러다가 대감마님께서 내기 바둑을 잘 두신다는 말을 듣고 대감마님의 마구간을 잠시 빌려 썼습니다. 너그러이 양해해 주시기 바랍니다. 그동안 제 말을 잘 보살펴 주서서 감사드립니다. 부디 만수무강하시고 다음번 내기 바둑에는 꼭 승리하시기를 기원하겠습니다."

선비는 말 두 마리를 끌고 유유히 대감의 집을 떠났고, 땅을 친 대감은 다시는 내기 바둑을 두지 않았다고 한다. 매사에 남을 나보다 높게 여기고 몸과 마음의 겸손으로 세상을 대할 일이다. 이 이야기는 경로당에 다니시는 어른이 해 주셨는데 매사 조신하지 못한 나에게 큰 깨달음을 준 이야기다.

리더의 자격이 싹트는 곳

《데일 카네기 인간관계론》이란 책에 이런 이야기가 나온다. 어느 무더운 여름날 한 무리의 군인들이 산속에서 무거운 통나무를 베어서 옮기는 작업을 열심히 하고 있었다. 모두가 땀을 뻘뻘 흘리며 일하고 있는데 어느 한 사람만 나무 밑 그늘에 비스듬히 기대고 앉아 지휘봉을 들고 계속해서 큰소리로 명령을 하고 있었다.

"빨리빨리 옮겨라! 게으름 피우는 병사는 용서하지 않겠다!"

이 광경을 지켜보며 말을 타고 지나가던 장교 한 사람이 말에서 내려 옷을 벗고 아무 말 없이 병사들 속으로 들어가 한참 동안 나무를 베고 통나무를 날랐다. 주어진 일이 끝나자 땀으로 범벅이 된 얼굴의 땀을 씻으며 그 장교는 이렇게 말하면서 명함을 건넸다.

"이보게 상사! 다음번에도 이렇게 힘든 일을 병사들에게 시킬 때는 나를 꼭 부르게."

상사는 아연실색한 얼굴로 되뇌었다.

"아! 사령관님!"

그 명함에는 '총사령관 조지 워싱턴George Washington'이라고 쓰여 있었다. 전쟁이 끝나고 그는 미국의 초대 대통령이 된다.

제2차세계대전 중 전세가 불리하게 된 미국 정부는 젊은이들에게 의무 입영통지서를 발부하고 '유니온'이란 기차역에 입영자들을 모이게 했다. 아주 추운 날씨에도 불구하고 그 무리 중의 한 중심에 다리를 심하게 절뚝거리며 따뜻한 차와 샌드위치를 열심히 나누어 주는 나이가 지긋한 신사 한 사람이 있었다. 그는 여기저기 다니면서 장병들의 어깨를 일일이 두드려주고 악수를 했다. 그때 그를 알아본 젊은이가 있었다.

"아니! 대통령 각하 아니십니까?"

모여 있던 수많은 입영자들이 환호성을 지르며 대통령의 이름 '프랭클린 루스벨트Franklin Roosevelt'를 연호했다.

"나를 알아보셨군요. 꼭 승리하고 우리 곁으로 돌아오길 바라요. 저는 보잘것없는 차 한 잔과 빵 한 조각밖에 드릴 것이 없지만 여러분을 믿고 있습니다!"

프랑스의 레몽 푸앵카레Raymond Poincare 대통령이 여러 동문들과 함께 자신의 스승이었던 라비스Lavis 박사의 교육 50주년 기념

식에 참석했다. 라비스는 단상에 올라 청중들을 둘러보고 막 환영사를 시작하려다가 청중 맨 뒤쪽에 있는 푸앵카레를 발견했다. 놀란 라비스가 단상에서 뛰어 내려가 대통령을 단상으로 안내하려고 했다.

"선생님, 저는 선생님의 제자입니다. 오늘의 주인공은 선생님이십니다. 저는 대통령으로 이 자리에 온 것이 아니고 제자로서 선생님을 축하하려고 온 것뿐입니다. 어서 단상으로 오르십시오."

라비스는 인사말에서 이렇게 말했다.

"이렇게 훌륭하고 겸손한 대통령이 나의 제자라니 저는 너무 행복합니다. 우리는 이런 대통령을 보유한 위대한 프랑스입니다."

진정 이 땅에도 이런 겸손하고 훌륭한 리더가 많이 탄생하길 기대해 본다.

나를 살리는 포용력

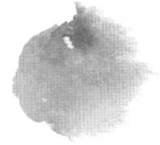

중국 춘추전국시대 초나라에 장왕이라는 걸출한 왕이 있었다. 장왕은 총명하고 용맹스러워 천하의 패권을 눈앞에 두고 있었다. 어느 날 장왕이 세를 불리기 위해 주나라를 징벌하러 간 사이에 조정에서 반란이 일어나 나라가 풍전등화의 위기에 봉착하자 장왕은 서둘러 궁궐로 돌아와 천신만고 끝에 반란을 제압했다.

그때 공을 세운 신하들을 위해 장왕은 '태평연'이라는 큰 잔치를 벌였다. 모든 장수들을 불러 실컷 마시고 즐기라 명했으며, 잔치는 해가 서산에 지고 촛불을 켜고 밤이 깊을 때까지 계속되었다. 흥에 겨운 장왕은 가장 사랑하고 아끼는 허희라는 후궁을 불러 모든 장수에게 술을 따르라고 명했다. 모든 장수가 허희의 술잔을 받기 위해 일어나서 차례가 오기를 기다리고 있었다.

그런데 이때 갑자기 세찬 바람이 불어 순식간에 모든 촛불이 꺼졌다. 지척을 분별할 수 없는 암흑천지로 변했다. 이때 누군지 알 수 없는 한 장수의 손이 허희의 아름다운 허리를 감싸 안았다. 놀란 허희는 장수의 가슴을 밀쳐 내고 소리를 지르며 장수가 쓰고 있는 갓끈을 잡아 움켜쥐었다. 허희는 그런 상황을 왕에게 고했다.

"왕이시여! 제가 지금 봉변을 당했는데 범인의 갓끈을 가지고 있으니 불을 밝히고 갓끈이 없는 사람을 엄하게 벌을 내려 주시옵소서."

절체절명의 순간이었다. 왕은 한참 생각하더니 이렇게 명했다.

"아직 불을 밝히지 말라! 그리고 모든 대신은 거추장스러운 갓끈을 끊어 버리고 진탕 마셔라."

이 사실이 궁 안에 알려지자 대신들은 장왕의 큰 도량에 감탄하게 된다. 이런 일이 있은 후 얼마 지나지 않아 초나라는 진나라와 전쟁을 하게 된다. 전세가 불리한 진나라는 정면 승부로는 가망이 없다고 판단해 장왕을 암살하고자 침실에 자객을 보냈다. 자객이 곤히 잠을 자고 있던 장왕을 칼로 찌르려 할 때, 미리 병풍 뒤에 숨어 있던 신하 한 명이 뛰쳐나와 자객을 단칼에 처치하고 장왕을 구한다.

"네가 짐의 목숨을 구했구나. 누구냐?"

"네! 저는 당교라고 하는 신하인데 일전에 잔치에서 술에 취해 왕께서 아끼시던 여인의 허리에 손을 얹었던 천하의 죄인이었습니다. 그때 왕께서 저의 목숨을 살려 주셨는데 그 이후로 왕께 은혜를 갚으려고 늘 기다리고 있었습니다. 그러던 차에 우연히 자객이 온다는 소식을 듣고 병풍 뒤에서 며칠 동안 기다리고 있었습니다. 이제 뜻을 이루었으니 여한이 없습니다. 죽여 주시옵소서."

큰 감동을 받은 장왕은 당교의 공을 크게 칭송하고 그를 대장군으로 임명한다. 그리고 대장군이 된 당교는 이후 큰 전투에서 혁혁한 공을 세운다.

당신은 언제 가장 행복했나요?

　인간은 늙어 가는 것이 아니라 성숙해 가는 과정이라고 보는 관념이 이제는 보편화되어 있다. 포도주가 오래되었다고 모두 쉬어 버리지 않듯이 늙었다고 해서 모든 사람이 비참해지거나 황량해지는 것이 아님을 강조하며 의미 있고 재미있게 살 수 있다고 역설하는 사람도 많이 생겨났다.

　영국의 사회철학자 피터 라슬렛Peter Laslett은 인간의 생애 주기를 4분기로 구분했다. 1분기는 배움, 학습을 통해 장래를 준비하는 시기로, 2분기는 성취, 달성, 일과 가정, 국가에 대한 의무를 다하는 단계로 보았다. 3분기는 자아실현의 시기로 이때를 인생 최고의 황금기로 보았다. 마지막 4분기는 완성의 시기, 노화의 단계라고 주장했다.

　100세를 훌쩍 넘긴 철학자 김형석 교수는 그의 저서 《백년을 살아보니》에서 자신의 인생 중 최고의 절정기는 60이 넘어 75세까지였고 그 시기에 제일 행복했다고 술회했다. 우리는 어쩌면 우리 인생에서 황금 같은 최고의 시절을 그냥 앉아서 허공에 날려 버리고 있는지도 모른다.

우리는 인생의 3분기를 어떻게 살아가야 할 것인가? 그저 막연하게 생각할 것이 아니라 이 기간을 새로운 가치와 도전의 시간으로 활용할 수 있도록 철저하게 준비해야 한다. 이 책은 그런 준비를 위해 썼다.

이 기간은 결코 짧지 않다. 이 시기에는 단순히 경제적 가치만을 추구할 것은 아니다. 본인의 존재 가치를 확인하고 삶의 의미와 보람을 느끼게 하는 일이라면 어떤 일이든 충분한 가치가 있다. 나이가 들었다고 움츠러들거나 위축될 필요가 없다. 정말로 내가 그동안 하지 못했던 일, 좋아하는 일을 찾아서 하면 될 것이다. 사람이 하고 싶은 일을 원 없이 하는 것보다 더 행복한 것이 있을까?

나는 아내와 결혼해서 40년 넘게 살았다. 어느 결혼기념일, 여행 중에 아내에게 그동안 나와 살면서 언제 가장 행복했느냐고 조심스럽게 물었다.

"예순이 넘은 나이에도 늘 열심히 공부하는 당신의 모습과 복지관에서 봉사할 때의 모습, 하고 싶어 하던 어르신 섬기는 일에 최선을 다하고 스스로 행복해하는 당신의 모습을 보면서 한편으로 부럽기도 하고 행복하기도 했어요! 그리고 당신 얼굴에서 편안함과 웃음을 보았어요. 당신을 다른 여자에게 양보하지 않은 것이 참 다행이라고 생각해요."

아내의 이 말이 나에게는 잊을 수 없는 내 인생 최고의 칭찬과 응원의 말로 들렸다. 따지고 보면 나는 늘 베풂을 받고 살았다. 감사하지 않은 것이 하나도 없다. 나는 나의 여생을 '돌려주는 삶'으로 살기로 했다. 다른 사람들이 나에게 베풀어 준 것을 돌려주고 모두를 사랑하는 삶을 살고 싶다. 내 인생 최고의 황금기는 누가 만들어 주는 것이 아니라 내가 마음먹기에 달렸다.

5부 내 편을 만드는 관계의 기술

맞장구로 리더 되기

　말을 많이 한다거나 아는 것을 자랑한다고 해서 리더가 되는 것은 아니다. 오히려 그런 사람은 환영받지 못한다.
　우리나라 최초의 상담소가 우물가나 빨래터라고 해도 틀린 말은 아닐 것이다. 수도 시설도 세탁기도 없었던 시절, 동네 한쪽에 우물이 있었고 아낙네들이 삼삼오오 모여서 흐르는 냇물에 빨래를 하던 시절이 있었다. 나도 어릴 적 시골에서 그런 모습을 늘 보고 자랐다. 빨래터는 시집살이의 매서움, 남편의 바람기 등을 하소연하고 서로 위로받고 때로는 처신하는 방법을 가르쳐 주는 장소이기도 했다. 그런데 그중에는 자기 이야기를 하기보다는 늘 다른 사람의 이야기를 들어 주고 같이 속상해했던 사람이 있었다. 같이 열을 내기도 했고 때론 같이 울기도 했다. 그러면서 힘들어하는 사람의 어깨를 두드려 주는 아주머니 몇 분이 계셨다. 그분들이 인생 상담사였고 그 동네의 리더 역할을 했던 기억이 있다.

얼마 전 커피숍에서 손님을 기다리고 있었는데 우연히 옆 좌석에 젊은 여성이 앉아 누군가와 통화하는 소리를 듣게 되었다. 그 여성이 한 말은 딱 세 마디였다. 그런데 대화의 분위기가 참 행복하게 들렸다.

"정말!"
"이야!"
"대박!"

저 세 마디 말을 가지고 재미있고 즐겁게 30분을 통화할 수 있다는 것이 참 신기했다. 상대방과 즉시 공감할 수 있고 좋은 인간관계를 유지할 수 있는 말이 있다. 평상시 대화 중에 적절하게 사용한다면 누구와도 친해질 수 있는 말들이다.

"어 그래, 정말!"
"이야! 정말 대단해!"

누군가가 화나는 일을 털어놓을 때, 다른 말은 필요 없다.

"거참! 내가 들어도 화가 나네! 얼마나 힘들었어!"
"어떻게 참았어! 당신이니까 참은 거야!"
"그런 걸 참아 내다니 대단해 정말!"
"나는 그 상황에서 그런 걸 참을 수 있는 당신이 내 친구지만 참 존경스러워!"

"내가 늘 당신을 나보다 낫다고 생각하는 이유는 바로 당신의 그런 모습 때문이란 말이야."

내 주변에는 평생 지인들로부터 밥과 술을 아주 당당하게 얻어먹는 사람이 있다. 나도 이상하게 그 친구를 만나면 여지없이 밥값이든, 술값이든 먼저 내게 된다. 마치 마법에라도 걸린 듯이.

오랫동안 그 친구의 대화하는 습관을 관심 있게 보았는데 얼마 전 해답을 찾았다. 그는 이런 말을 입에 달고 살았던 것이다.

"거참! 잘생겼다. 이 녀석, 크면 틀림없이 한자리하겠다!"

"당신은 내 친구지만 정말 품위가 있다."

"참 멋있다!"

"장수하겠다!"

그 친구를 안 지가 50년이 훌쩍 넘었는데 한 번도 부정적인 말을 하는 것을 본 적이 없다. 주변 사람들 모두 그를 좋아하고 나는 지금도 그 친구를 만나면 기분이 좋아진다.

기러기가 사람보다 낫다

 경기도 김포에서 10여 년을 살았다. 한강 하류인 운양동에서 김포공항 근처 아라뱃길까지 이어진 강변도로를 따라서 부천으로 출퇴근을 했는데 겨울이면 아침마다 수백 마리의 기러기 떼를 만났다. 달리는 차 위로 V자를 그리며 날아가는 기러기 떼의 모습이 장관이었다. 특히 동이 틀 무렵 서울 쪽에서 떠오르는 붉은 해에서 발산하는 찬란한 햇빛과 저녁 퇴근 무렵 서쪽 하늘의 황혼을 가로지르며 계양산 쪽으로 비행하는 모습은 매일 보아도 감탄하지 않을 수가 없었다. 겨울철에 그림보다 더 멋진 그 광경을 보는 것은 김포와 인천에서 서울로 출퇴근하는 사람들만이 누릴 수 있는 특혜였다.
 기러기는 10월경부터 대략 4만 킬로미터를 날아와 한강 하류에서 겨울을 나고 봄이 되기 전 시베리아로 떠나는 철새다. 기러

기는 울음소리가 구슬퍼 가을 경치와 더불어 처량한 정서를 나타내는 새이기도 하다. 기러기는 독특하게도 다른 동물 집단과는 달리 힘 있는 몇 마리의 리더가 지배하지 않는 특징이 있다. 머나먼 길을 날아서 이동하기 때문에 모두가 협조하지 않으면 목숨이 걸린 비행에 성공하지 못하기 때문이다.

기러기는 이동할 때 한 마리의 리더를 중심으로 해서 철저하게 V자 대형을 유지한다. 맨 앞에 있는 리더 기러기는 거친 기류와 맞서서 날기 때문에 날갯짓에 엄청난 에너지를 소비한다. 이때 뒤에서 대형을 갖추고 나는 다른 기러기들은 혼자 날 때 쓰는 힘의 70% 정도만 쓰면 무난히 날 수 있다고 한다. 관심 있게 살펴보면 기러기는 서너 마리만 이동해도 대형을 갖춘다.

또 기러기 무리는 끊임없이 울음소리를 낸다. 가까이서 들으면 아주 시끄러울 정도로 소리가 크다. 그런데 그 울음소리는 고통의 표현이 아니라 앞에서 거센 기류와 싸우며 날아가는 리더에게 보내는 응원의 메시지라고 한다. 리더가 맨 앞에서 대형을 이끌다가 지치면 그 뒤의 기러기가 앞으로 나와 자연스럽게 임무를 교대한다. 이렇게 서로 돕는 슬기와 독특한 비행 기술은 그 어떤 새들도 흉내 내지 못한다. 이런 광경을 몇 년 동안 보다 보니 '빨리 가려면 혼자 가라! 하지만 멀리 가려면 모두 함께 가라!'라는 아프리카 격언의 의미를 새삼 알게 되었다.

우리나라의 전통 혼례 때 신랑 신부가 기러기 모형을 상 위에 놓고 맞절을 한다. 그 의미는 기러기의 세 가지 덕목을 본받자는 뜻이라고 한다. 첫째 덕목은 기러기의 금슬이다. 30여 년을 산다고 알려진 기러기는 자기 짝을 잃으면 절대로 새 짝을 찾지 않고 철저하게 홀로 지낸다고 한다. 둘째 덕목은 질서다. 기러기는 대열과 질서를 철저히 지키고 날아갈 때도 절대로 남보다 앞서려 하지 않는다고 한다. 세 번째 덕목은 의리다. 동료 기러기가 아프거나 부상이라도 당해 대열에서 부득이하게 이탈하면 다른 동료 두세 마리가 같이 남아 부상이 회복되거나 원기를 찾아서 날 수 있을 때까지 기다리거나 생을 마감할 때까지 같이 있다가 무리로 돌아온다고 한다.

생각이 조금만 달라도 적으로 간주해 서로 비난하고 짓밟는 인간의 모습과는 너무도 다르다. 공통의 목표와 비전을 향해 힘을 합쳐 나아간다면 우리는 훨씬 빠르고 쉽게 목적지에 도달할 수 있다는 교훈을 기러기에서 배운다.

반말만 안 해도 '꼰대' 탈출!

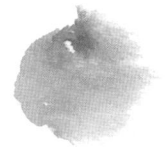

'꼰대'라는 말은 아버지나, 선생님, 나이가 많은 어른들을 일컫는 젊은 사람들의 은어였다. 근래에는 나이가 어리거나 지위가 낮은 사람에게 자기 사고방식을 일방적으로 납득시키려 하거나 강요하는 직장 상사나 나이 많은 사람들을 지칭하는 비속어로 통한다. 그러나 꼭 나이가 많다고 모두가 다 꼰대가 된다는 말은 아니다. 여든이 되어도 청년으로 사는 사람이 있고 30대의 젊은 나이에도 꼰대 소리를 듣는 사람이 있다. 어떤 말을 하고, 어떤 행동을 하느냐가 중요하다.

꼰대 탈출을 위해 꼭 지켜야 할 것이 있다. 사람들이 나이가 들어가면서 본능적으로 제일 두려워하는 것이 역할 상실과 존재감 상실이다. 또 사람들은 그것을 좀처럼 인정하지 않으려 하는 근성이 있다. 본능적으로 역할 상실이나 존재감 상실을 두려

위하기 때문에 방어기제가 드러나는 것이다. 이런 것들을 과감하게 내려놓아야 한다.

첫 번째로 상대방이 원하지 않으면 그의 일에 참견하지 말아야 한다. 사람들은 사랑과 관심이라는 말에 기대서 무슨 일이든 아는 척을 하고 자기식대로 판단해서 말하려 한다. 상대방의 생각이 틀렸다고 단정해 버린다.

두 번째로 남을 가르치려 하지 말아야 한다. 상대방이 묻지 않으면 말하지 말아야 한다. 왜냐하면 내가 알고 있는 것보다 상대방은 더 많이 알고 있을지도 모르기 때문이다.

세 번째로 어디서나 함부로 반말하지 말아야 한다. 자기 지위가 조금 높다거나 상대의 나이가 조금만 어려 보이면 무조건 반말부터 하는 것이 우리 사회의 좋지 않은 문화다. 유교 문화의 발생지인 중국에서도 일찌감치 버린 수직적 사회구조를 우리는 아직도 고수하려는 뿌리 깊은 서열 문화 탓이다. 나이를 더 먹었다는 것은 결코 서열상의 우위도 더 높은 사회적 계급도 의미하지 않는다.

네 번째, 아무 데서나 소리 지르지 말아야 한다. 특히 음식점에서 반말로 소리를 지르는 것은 꼰대라는 말조차도 아까운 행태다. 돈을 내는 입장이라고 쉽게 반말을 하고 큰소리로 예의 없이 행동해서는 곤란하다.

다섯 번째, 어디를 가더라도 심판관 노릇을 해서는 안 된다.

젊은이들도 놀라운 판단을 한다. 체계적으로 공부도 많이 하고 새로운 정보나 지식을 오히려 나이 든 사람들보다 더 많이 갖고 있다.

존경은 받는 것이지 빼앗는 것이 아니다. 권위는 투쟁해서 만들어지는 것이 아니라 남이 세워 주는 힘이다. 먼저 상대를 인정하고 존중하면 신뢰와 존경의 마음은 자연스럽게 돌아올 것이다. 꽃에 향기가 있듯이 사람에게는 품격이라는 것이 있어야 한다.

꽃도 그 생명이 생생할 때는 향기가 신선하고 죽은 꽃에서는 악취가 난다. 사람의 마음도 바르지 못하면 품격을 보전하기 어렵다. 다산 정약용은 '누구에게나 예를 갖춰 대하면 아무도 당신을 함부로 대하지 못할 것'이라는 가르침을 주었다.

입술의 30초, 마음의 30년

 긍정적인 관심이나 관심이 실제로 좋은 영향을 미친다는 '피그말리온 효과'와 반대되는 개념이 있다. '골렘Golem 효과'라는 개념인데 교육심리학에서 심리적 행동의 하나로 가정이나 학교에서 부모 또는 교사가 학생에 대해 부정적인 편견을 갖게 되면 학습자의 성적이 계속해서 떨어지는 것을 말한다.
 1997년 3월의 일이다. 온 나라를 공포에 떨게 할 정도로 떠들썩하게 했던 사건이 있었다. 일명 '신창원 탈옥 사건'이었는데 강도살인죄로 무기징역을 선고받고 부산교도소에서 복역하던 신창원이 탈옥한 사건이었다. 탈옥수 신창원은 907일간 전국을 누비고 다녔으며 그런 신창원을 잡으려고 군 인력까지 투입된 희대의 사건이었다.
 이 사건의 내면에는 초등학교 시절 담임선생님의 말 한마디가 한 소년의 일생을 바꾸어 놓은 슬픈 사연이 있었다. 초등학교 시절에 어머니를 병으로 잃은 어린 신창원은 학교에서나 집안에서 늘 외톨이였다. 초등학교 5학년 미술 시간에 돈 줄 사람이 없어 준비물을 사 오지 못한 신창원을 담임선생님이 반 친구들이 모두 보는 앞에서 심하게 욕설을 하며 쫓아냈다. 한번은 좀도둑질을 했다가 훈방 조치된 신창원을 그의 아버지가 소년원에 넣어 달라고 사정해 아들을 소년원에 보내기도 했다.

그때 아버지와 선생님이 응원의 말 한마디만 해 주었어도 여기까지 오지 않았을 것이라는 그의 고뇌에 찬 푸념이 아직도 눈에 생생하다. 선생님과 아버지의 무자비한 언어폭력과 무관심이 한 사람의 인생을 송두리째 망친 사건이었다.

내게도 비슷한 경험이 있다. 초등학교 5학년 때로 기억한다. 그 당시 우리 학급이 학교를 대표해서 다른 학교로 합창대회에 나가게 되었다. 방과 후 한두 시간 이상 연습을 했는데 학부형들이 날계란 꾸러미를 돌아가며 사 오거나 밀빵을 쪄 가지고 왔다. 그런데 내 친구 어머니와 우리 어머니는 연습하는 동안 한 번도 학교에 오시질 않았다. 어려운 살림에 돈을 벌어야 했기 때문이다. 그런데 어느 날 합창 연습을 하고 있는데 선생님이 그 친구와 나를 부르더니 너희 둘은 입만 벌리고 목소리를 내지 말라고 했다. 어린 마음에도 너무 섭섭하고 친구들 보기에 창피했다. 어느 날 역시 반 친구 어머니가 사 오신 날계란을 2개씩 먹고 연습하는데 그 친구와 나는 화장실에 가서 그 계란을 버렸다.

그 이후로 나는 음악 시간이 정말 싫었고 당연히 졸업할 때까지 음악 성적이 좋지 않았다. 지금까지도 나는 노래 부르기를 싫어하는 것은 물론 그 흔한 노래방 가는 것도 싫어한다. 다행히 우리 어머니는 나를 믿고 큰 기대를 걸어 주셨다. 그래서 난 환경에 민감한 청소년기를 어머니의 애정 덕에 무사히 보낼 수 있었다.

입술의 30초가 마음의 30년이 될 수 있다. 무심코 내뱉은 말 한마디가 누군가의 인생을 완전히 바꾸어 놓을 수 있다. 차가운 말 한마디, 남을 배려할 줄 모르는 가시 돋친 말 한마디가 다른 한 사람의 인생을 파멸시켜 버릴 수 있다. 절망에 빠져 있는 사람에게 희망의 메시지를 전하고 동기를 유발하는 말 한마디가 얼마만큼 중요한 것인지, 마음속에 큰 울림으로 남아 있다. 우리는 말하기 전에 지금 내가 하고자 하는 말이 상대에게 어떻게 다가갈지 먼저 생각해 볼 필요가 있다.

사람을 품는 대화법

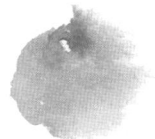

말을 잘하는 능력은 큰 자산이라고 할 수 있다. 말 한마디로 천 냥 빚을 갚는다고 하지 않던가. 말을 잘하는 사람을 보면 그 사람의 품격이 달라 보인다. 말을 잘하는 사람들을 우리는 마음이 통하는 사람이라 말하기도 한다. 물론 모든 말이 남에게 잘 보이기 위해 하는 것은 아니지만 좋은 말 습관이 다른 이와 좋은 관계를 유지하는 데 도움이 되는 것은 사실이다.

말을 잘한다는 것은 결국 상대방을 인정하고 세워 주는 말을 많이 하는 것을 뜻한다. 살다 보면 주변에 있는 사람을 늘 평가하고 비난하는 과정에서 상대적 우월감을 통해 스스로 안정감을 도모하려는 나쁜 습성을 가진 사람이 있다. 이런 사람들의 특징은 어떤 자리에서든지 다른 사람의 의견에 늘 반대한다. 어디서든지 반대 의견을 제시해야지만 자신의 존재감과 가치를 드러낼 수 있다고 착각한다. 늘 피곤해 보이고 나이에 비해 상당히 늙어 보이는 사람들이다. 그런 사람들의 주변에는 사람이 없을 수밖에 없다.

말을 잘하는 사람들을 유심히 보면 무언가 다른 면이 몇 가지 있다. 첫 번째로 말속에 상대방을 진심으로 대한다는 느낌이 있다. 상대방의 나이에 관계없이 배려하는 말을 많이 하는 사람이다. 이런 사람들의 특징은 절대로 생각나는 대로 말하지 않는다. 생각을 먼저하고 말은 뒤에 하는 사람들이다. 말을 청산유수로 많이 할 필요가 없다. 대신 자신의 진심이 담긴 말을 한다면 누구와도 금방 소통이 된다.

두 번째로 말을 천천히 또박또박 한다. 영화나 드라마 속의 상감마마가 체신머리없이 내시 같은 가느다란 목소리로 조급하게 말하는 것을 보았는가? 사랑을 나누는 로맨스 영화의 주인공이 품위 없이 말하는 것을 본 적이 있는가? 말을 천천히 하면 목소리가 낮고 정중해 보인다. 그리고 품격이 있어 보인다. 노련한 외교관이나 협상가, 세일즈맨은 말속에 설득력이 있다. 말을 아주 천천히 하고 말에 품위가 있는 단어를 사용하기 때문이다. 사기꾼들은 대부분 말을 빨리한다. 마음이 조급하기 때문이다. 말을 천천히 또박또박하게 하면 말실수를 충분히 줄일 수 있다. 대부분 감정이 격해 있을 때 말을 빨리하게 되고 말실수를 많이 하게 된다.

세 번째로 경청과 질문을 잘한다. 말을 잘 들어 준다는 것은 말을 많이 하는 것 이상으로 효과가 있다. 어린아이들이 울고 보채는 것은 자기의 욕구를 충족시켜 달라는 표현이다. 누구든지 자기에게 관심을 가져 주는 사람과 친하게 된다. 누구한테나 은근히 듣고 싶어 하는 말이 있다. 상대방의 장점을 인정하고 칭찬하는 말, 듣고 싶어 하는 말을 늘 의도적으로 내가 하는 말에 포함시킨다면 누구와의 대화도 성공적으로 할 수 있다. 어느 자리에서나 말을 독점하면 적이 많이 생기기 마련이다. 내가 하고 싶은 말은 되도록 절제하고 상대방이 듣고 싶어 하는 말을 많이 하는 것도 하나의 방법이다.

우리 문화는 아랫사람이 윗사람을 인정하고 세워 주는 말을 하는 데는 익숙하지만 아랫사람을 인정하고 칭찬하는 데는 아주 인색하다. 부모가 자식을, 상사가 부하직원을 배려하는 말, 건강한 동기를 유발할 수 있는 말을 잘하는 사람이 멋지다. 나의 말 한마디가 다른 사람과 나의 인생을 충분히 바꿀 수 있다.

누구든 남에게 줄 수 있는 일곱 가지

　호스피스 병동에서 오랫동안 근무했던 지인과 이야기할 기회가 있었다. 임종을 앞둔 사람들이 주변 사람에게 가장 많이 하는 말이 '미안했다, 고마웠다, 사랑한다'라는 말이라고 한다. 가만히 생각해 보면 이 말은 우리의 생활 속에서 아주 평범한 말이지만 이보다 더 좋고 아름다운 말이 없다는 생각이 들었다.
　우리나라 사람들이 가장 많이 사용하는 말은 '죽겠다'라는 말이다. '죽겠다'라는 말을 습관적으로 꼬리에 붙인다. 힘들어 죽겠다, 바빠서 죽겠다, 시간이 없어 죽겠다…. 오죽하면 좋아도 "좋아 죽겠다."라고 말한다. 우리 주변에 정중하고 품위 있는 사람들의 말 습관을 보면 "죽겠다."라는 말을 하는 사람들이 없다. 말과 행동이 긍정적이고 적극적이다. 말속에 품위가 있다. 생각해 보면 '미안했다, 고마웠다, 사랑한다'라는 말은 상당히 고귀하고 품격 있는 말이다. 나는 그 지인과 대화하는 내내 '왜 사람이 죽을 때가 돼서야 이런 말을 할까?', '평상시 일상생활 속에서 이런 말을 입에 달고 살면 안 될까?'라는 생각이 머릿속에서 떠나지 않았다.

나는 먼저 가족들에게 이 말들을 사용하기로 하고 실천 중이다. 그런데 '미안하다', '고맙다'는 괜찮은데 솔직히 '사랑한다'가 영 어색하다. 그러나 익숙해질 때까지 열심히 이 단어를 사용할 예정이다.

우리는 지금 갈등의 시대에 살고 있다. 이리 봐도 답답하고 저리 봐도 숨이 막히는, 짜증나는 것들이 많다. 70년이 되도록 계속되는 남북 갈등, 지역 간, 세대 간, 정치 진영 간의 갈등, 가진 자와 못 가진 자의 갈등 등이 우리를 숨 막히게 한다.

석가모니의 제자 한 사람이 스승을 찾아와 물었다.

"저는 하는 일마다 되는 일이 없고 남들과 늘 싸움만 되니 그 연유가 무엇입니까?"

"그 까닭은 네가 남에게 베푼 것이 없기 때문이다."

"저는 아무것도 없는 빈털터리입니다. 남에게 줄 것이 있어야 주지 뭘 줄 수 있다는 말입니까?'"

"그렇지 않다. 사람에게는 아무리 가진 것이 없더라도 타인에게 줄 수 있는 것이 일곱 가지는 있단다."

이것을 '무재칠시無財七施'라 하며 밝은 얼굴로 남을 대하는 화

안시和顏施, 따뜻한 말로 베푸는 언시言施, 따스운 마음을 나누어 주는 심시心施, 호의 담긴 눈으로 바라보는 안시眼施, 몸을 써서 남을 돕는 신시身施, 자리를 내주며 양보하는 상좌시床座施, 묻지 않고 상대를 헤아려 주는 찰시察施를 가리킨다.

늘 웃는 얼굴로 상대방을 편안하게 하며, 좋은 말로 말을 건네고 마음속에서 우러나오는 진실로 대하고, 항상 친근한 눈으로 바라보며 몸으로 그를 위해 봉사하는 것과 나보다 남을 더 낮게 여기고 굳이 묻지 않고 남을 도와주는 것이다.

우리가 늘 마음속에 담고 살아야 하는 말이 있다. "미안합니다. 감사합니다. 대단합니다. 사랑합니다." 영미권 사람들이 제일 많이 사용하는 말이 이 말이다. 그 대상이 누구든지 남을 인정하고 존중해 주는 말이기 때문이다.

채찍보다 강한 믿음

영원한 명작 《벤허》는 미국의 작가 루이스 월리스Lewis Wallace가 1880년에 발표한 소설이다. 내가 중학교에 다닐 때 이 소설이 영화로 만들어져 기말고사가 끝나고 단체로 영화관에서 관람했다. 본 지 수십 년이 훨씬 지났지만 지금도 영화의 황홀했던 명장면들은 기억이 생생하다.

어릴 적부터 친한 친구였던 벤허와 메셀라는 성장하면서 서로 다른 길을 가게 된다. 메셀라는 로마제국의 권력자가 되려는 야망을 품었으며 장군이 되었고 그 과정에서 벤허에게 로마에 협력해 줄 것을 요구하였지만 벤허는 이를 거부한다. 그 과정에서 오해와 갈등이 쌓이며 두 사람은 돌이킬 수 없는 원수 지간이 된다. 마지막 부분에 나오는 목숨을 건 전차 경기가 이 영화의 절정이다. 지금 기억으로도 손에 땀이 많이 났었다. 전차 경기에는 총 8개 팀의 마부와 말들이 목숨을 걸고 출전했는데 메셀라도 그중 한 사람이었다. 마부는 모두 긴 채찍을 가지고 초반부터 사정없이 말들의 등을 후려치면서 말들을 몰았으나 벤허의 손에 들린 것은 날카로운 채찍이 아니라 말고삐가 전부였다. 벤허는 채찍 대신 말고삐로 말들과 교감을 하면서 승부를 걸었던 것이다. 말고삐의 강약과 창공을 찌르는 우렁찬 목소리에 담긴 메시지를 통해 말들에게 뛸 수 있는 동기를 부여한 것이다. 벤허가 처음부터 끝까지 한결같이 4마리의 말들과 한 몸이 되어 달리는 모습이 지금도 눈에 선하다. 결국 경기 내내 반칙을 하던 메셀라가 말에서 떨어지고 치명적인 부상을 당하게 되며 벤허가 복수를 완성하는 것으로 영화는 막을 내린다.

　벤허의 승리는 쉽게 얻은 것이 아니었다. 백마 4마리를 말의 특성에 따라 전술적으로 배치한 것과 막강한 팀워크, 힘을 모으는 작전이 승리를 가져오게 한 것이다. 아홉 바퀴를 도는 경기인데 벤허는 빠른 말은 외곽으로 배치하고 빠르지는 않지만 협력을 잘하는 말은 제일 안쪽으로 배치했다. 그리고 끈기가 주특기인 말은 중간에 배치한 것이다. 만반의 준비를 하고 철저한 팀워크를 이룬 말들은 9바퀴째에 들어서면서 극적으로 1등으로 들어오게 된다.

　경기 전날 밤 벤허가 조용히 마구간으로 가서 네 마리의 말을 어루만지는 장면이 영화에 나온다. 말들에게는 각각 이름이 있있는데 벤허는 말들의 이름을 하나씩 부르면서 조용히 전략을 말한다.

"대열의 중간을 유지하다가 마지막 바퀴에서 승부를 건다. 알 겠지!"

결의에 찬 벤허의 말을 알아들었는지 네 마리의 말이 차례대로 클로즈업된다. 벤허는 한 마리 한 마리 말들에게 눈으로 깊은 신뢰의 말을 건넨다. 그 강렬한 눈빛은 말보다 더 강한 전달력이 있었던 것으로 기억된다.

"우리는 해낼 수 있다! 우리는 해낼 수 있다! 우리는 충분히 해낼 수 있다!"

격렬하게 달리는 과정에서 마차의 바퀴끼리 부딪혀 불꽃이 튀기는 살벌함 속에서 벤허는 말들에게 채찍을 휘두르는 대신 계속해서 격려하는 장면이 인상적이었다. 자기 회사를 세계적인 초일류 기업으로 성장시킨 모 그룹의 회장이 임원들에게 회의에서 자주 이 장면을 언급했다고 전해진다. 사람이 아닌 말들의 마음도 움직일 만한 마음속에서 우러나오는 소통과 교감, 신뢰 그리고 적재적소의 인원 배치, 조화, 자신감, 분명한 동기부여 거기에 지속적인 격려와 배려 등이 지금의 그 그룹이 존재하는 원동력이 되었다고 한다.

인생을 바꾼 편지 한 통

종종 아주 오래된 추억을 떠올린다. 그 시절 특히 깊은 잠을 자다가 일어나 새벽녘에 연탄을 가는 것은 여간 성가신 일이 아니었다. 조금만 게으름을 피우면 온 식구가 추위에 떨어야 했기 때문에 소홀히 할 수도 없는 일이었다. 그 시절에는 왜 그리도 이사를 자주 다녔는지 주민등록등본의 앞장이 이사 다닌 주소들로 가득 차 있곤 했다.

눈보라가 휘날리는 어느 겨울날 이사를 하는데 그동안 그 집에서 살다가 이사를 간 사람의 작은 배려가 지금까지도 잊히지 않는 훈훈한 사연으로 남아 있다. 서로가 누군지 모르지만 새로 이사 올 사람을 위해서 문풍지를 아주 깨끗하게 새것으로 바르고 연탄불을 따뜻하게 피워 놓고 방문 앞에 편지 한 통을 남기고 이사를 간 사람을 생각하면 지금도 마음이 따뜻해지는 것 같다. 편지에는 이렇게 쓰여 있었다.

'추운데 이사하시느라 힘드셨죠. 저는 이 집에서 아주 편안하고 행복하게 잘 지냈습니다. 이사 오시자마자 필요하실 전화번호입니다. 이웃들 모두가 친절하고 좋은 분들입니다. 부디 행복하시기를 기원합니다.'

글 밑에 빼곡하게 쌀집, 야채 가게, 정육점, 약국, 미용실 등 전화번호가 적혀 있었다. 우리 부부는 이사 간 사람들이 남겨둔 편지 한 통의 마음이 얼마나 행복하고 소중했던지 40여 년이 지난 지금도 종종 그 이야기를 하곤 한다.

배려는 크고 대단한 것이 아니고 작고 사소한 것이지만 사람의 마음속에 큰 감동을 줄 수 있다. 이렇게 사소한 것들이 각박한 세상을 바꾸는 원동력이 될 수 있다.

비를 맞고 걷는 사람에게 살며시 다가가 우산을 씌워 주는 일, 길거리에 버려진 위험한 병 조각을 주워 쓰레기통에 넣는 일, 길을 묻는 사람에게 친절하게 길을 가르쳐 주는 일, 양손에 짐을 들고 건물의 출입문이 닫힐까 염려하는 사람을 위해서 잠시 문을 붙잡고 서 있는 일 등, 평상시 조금만 관심을 가지면 할 수 있는 일들이 많다. 우리가 하는 일이 작고 사소한 일이지만 누군가에게는 아직도 세상이 살 만하다고 느끼는 아름다운 일이 되고 그 감동은 희망이 되어 모두가 행복해질 수 있다.

미국의 한 법정에서 일어난 일이다. 10세 전후의 어린아이 하나가 빵집에서 빵을 훔친 죄로 재판을 받게 되었다. 판사가 아이에게 빵을 훔친 이유를 물었다. 어린아이가 이렇게 대답했다.

"아버지가 막노동 현장에서 일을 하시다가 허리를 많이 다쳐 일을 하지 못하고 할머니는 치매를 앓고 계십니다. 너무 배가 고파 그만 잘못인 줄 알면서도 빵을 훔치게 되었습니다."

가만히 듣고 있던 판사가 눈물을 흘렸다. 한참 후 판사는 이렇게 말했다.

"이 아이가 빵을 훔친 죄는 잘못이 분명히 있습니다. 벌금 5달러에 처합니다."

그리고 판사는 자기 주머니에서 5달러를 꺼냈다.

"이 어린아이가 배가 고파 빵을 훔칠 때 저는 고급 레스토랑에서 좋은 음식만 골라 먹었습니다. 이에 대한 벌금 5달러를 내겠습니다."

갑자기 방청석이 술렁이기 시작했다.

"자! 저와 같이 벌금을 내고 싶은 사람은 이 모자에 벌금을 내십시오."

순식간에 모자에 돈이 가득 쌓였고 한쪽에서 우레와 같은 박수가 터져 나왔다.

천국이 따로 있는 것이 아니었다. 이날 법정에 참석한 방청객 모두는 천국을 경험한 것이다. 천국 그것은 바로 우리의 마음속에 있고 이런 사소한 배려가 세상을 살맛 나게 한다.

부드러움이 강한 것을 이긴다

　노자에게 상용 선생이란 스승이 있었다. 스승이 나이가 들어 위독하다는 연락을 듣고 노자는 단숨에 달려가 스승에게 마지막 가르침을 청했다. 그러자 상용 선생이 갑자기 입을 쩍 벌리며 말했다.
　"내 입안에 이가 지금 몇 개 있느냐?"
　스승의 입안을 들여다본 노자가 한 개도 없다고 답했다.
　"그럼 내 혀는 있느냐?"
　"예. 혀는 그대로 있습니다."
　눈을 감고 있던 노 스승은 제자를 향해 마지막으로 이렇게 말했다.
　"내가 너에게 물은 이유를 알겠느냐?"
　"예. 단단한 것이 먼저 없어지고 부드러운 것은 오래 남는다는 가르침을 주시려는 것이 아닐는지요."

"그렇다! 세상의 이치가 모두 그 안에 있느니라."

부드러움이 강한 것을 이긴다. 사자성어로 '유능제강柔能制剛'이다. 태풍으로 비바람이 사정없이 몰아치면 딱딱한 소나무나 아카시아, 상수리나무부터 가지가 부러진다. 그런데 오히려 이리저리 흔들대는 나무들은 멀쩡하게 살아남는다.

나는 그동안 자원봉사와 노인복지 현장에서 생활하면서 적지 않은 장애인들과 어르신들을 만났다. 어르신들은 대부분 어려운 시절을 겪고 우리나라를 이만큼 살만한 나라로 만들어 놓은 훌륭한 분들이지만 험한 세상을 살아오는 과정에서 상처를 입기도 했다. 그래서 고집스러운 분들도 있었고 개중에는 대책 없이 거친 분들도 있었다. 그중 특별히 기억에 남는 어르신 한 분이 있다.

'싸움꾼 할머니'라 불렸던 그 어른은 남편과 일찍 사별하고 아들 하나를 애지중지 키우는 과정에서 갖은 고생을 다 했다. 할머니가 지극정성으로 키운 아들이 고등학교 1학년 때 집단 폭행을 당한 뒤로 대인기피증에 시달리다가 심한 우울증을 거쳐 정신병원에서 격리 치료를 받기도 했다. 폭식을 하고 잠만 자는 것이 그 아들의 일상생활이었고, 100킬로그램이 넘는 몸으로 갑자기 폭력적으로 돌변할 때는 아무도 그를 제압할 수가 없었다. 할머니도 엄두가 나지 않아 그냥 내버려둘 수밖에 없었다고 했다.

5부 내 편을 만드는 관계의 기술

병원에서도 달리 특별한 치료 방법이 없다며 약만 처방해 주었다고 했다. 탈출하기도 여러 번, 더 이상 맡아 줄 수 없다며 집에 보내기도 했더란다.

할머니는 양말 행상 등 고된 일을 했다. 너무 힘이 들어 나쁜 생각도 여러 번 들었지만 본인이 죽으면 아들이 살 수 없을 것 같아 그러지도 못하다 보니 악에 받쳐 세상을 살게 되었다. 그래서 누구를 만나도 욕으로 시작해서 욕으로 끝내는 싸움꾼 할머니가 되었다. 주변 사람들이 그 할머니만 보면 피해 다녔다.

나는 복지관 사회복지사가 연결해 주어 할머니를 처음 만났다. 내가 도울 일이라곤 거의 없었다. 그냥 할머니의 넋두리를 듣다가 같이 열을 내고 같이 훌쩍거리고, 집에서 조금씩 준비해 간 음식을 나누는 것이 전부였다. 그러기를 몇 개월, 먹을 것이 있으니 할머니의 아들이 밖으로 나오기 시작했다. 무엇이 먹고 싶냐는 질문으로 시작한 아들과의 대화는 관심사로 이어져 라디오를 조립해 보고 싶다고 할 때는 헌 라디오를, 일본어를 배우고 싶다고 할 때는 일본어 회화 테이프를 구해다 주었다. 아들과 대화할 때는 절대로 자극적인 이야기를 하지 않았다. 행동을 고쳐야 한다거나 잘못하고 있다고 이야기하지 않았으며 그의 상황을 이해하려 애를 썼다.

"자네는 마음이 참 따뜻하구나! 검은 턱수염이 아주 멋져! 꼭 영화에 나오는 배우 같네!"

그런 대화를 나누었다. 고물 라디오를 만들었다 부수고, 되지 않는 일본어를 큰 소리로 킬킬대며 같이 읽었다. 1년여 만에 그 아들의 얼굴에서 천진난만한 웃음을 보았다. 까까머리 고등학교 1학년 학생의 웃음이었다. 그는 나에게 사람의 마음 문을 여는 열쇠는 관심과 따뜻한 말 한마디라는 걸 가르쳐 준 선생님이었다. 외투를 벗기는 것은 세찬 바람이 아니라 따뜻한 햇살이라는 우화도 있지 않은가?

남의 말 잘 듣기

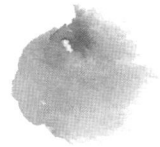

사회생활을 하는 성인 남자는 하루 평균 수천에서 수만 개의 단어를 사용한다고 한다. 사람에 따라 차이는 있겠지만 수천, 수만의 단어를 공감, 소통, 이해, 용서, 사랑 안에서 사용하는 사람이 있고, 입만 열면 불평불만과 핑계를 입에 달고 사는 사람이 있다. 가만히 눈여겨보면 전자의 사람들은 주변에 사람이 많이 모여 있는 반면 후자는 다른 이들이 그 사람을 피하려는 경향이 있다. 또 어떤 사람은 잠깐만 이야기를 해도 말이 통하는 사람이 있고 어떤 사람은 자주 만나고 긴 시간을 이야기해도 거리감과 답답함이 느껴지기도 한다.

심리학적 관점에서 볼 때 대화의 유형은 '사리事理 대화'와 '심정心精 대화'로 구분할 수 있다. 사리 대화는 논리와 이성을 바탕으로 정보를 교환하는 대화 방식이라면 심정 대화는 개인의 감정을 표현하고 공감을 구하는 대화 방식이다. 양쪽 모두 효과적인 의사소통을 위해 중요하다. 그런데 말을 잘하고 무언가 통한다는 느낌을 주는 사람들을 가만히 들여다보면 그들은 알고 있는 지식과 정보가 많아 유창하게 말하는 사람이 아니라 오히려 상대방의 말을 잘 듣고 상대방의 입장에서 말한다. 심정 대화를 잘하는 사람과 이야기를 나눠 보면 어딘가 모르게 속이 시원하고 정이 간다. 이를 두고 흔히 '말이 통한다'라고 한다.

이런 사람들은 공감 능력이 뛰어나다. 노인복지의 현장에서 내가 경험한 바로는 어디에나 남녀 구분 없이 꼭 '형님'이 계셨다. 그 형님이라고 하는 분들은 힘이 더 세거나 더 많이 배운 사람, 돈이 많은 사람이 아니었다. 주변 사람이 억울한 일을 당해서 속이 상하거나 화가 난다는 말을 들었을 때 끝까지 말을 들어 주는 사람이었다. 그런 사람들은 절대로 중간에 말을 자르거나 상대방을 가르치려고 하는 말과 훈수 두는 말, 평가하는 말을 하지 않았다.

남의 말을 잘 듣고 말을 잘 가려서 할 수 있다면 어디서든지 '형님'으로 살 수 있다. 하늘에는 별이 있어 아름답고 땅에는 꽃이 피어 아름다우며 사람에게는 사랑이 있어 아름답다. 그리고 우리 인간에게 가장 귀중한 가치는 말을 통한 사랑과 인정이다.

겨울 철새의 다이빙

　근대 실존철학의 창시자로 알려진 덴마크의 키르케고르 Kierkegaard가 평소 자주 인용하여 세상에 깨달음을 주고자 했던 철새 이야기다. 겨울 한파를 피해 따뜻한 남쪽으로 이동하던 겨울 철새들이 옥수수밭에 앉아 하룻밤을 보내기로 했다. 먼 길을 날아온 차라 모두 지치고 배도 많이 고팠다. 모두가 옥수수를 배부르게 먹은 후 떠날 채비를 하던 중에 철새 한 마리가 맛있는 옥수수를 두고 떠나기가 너무 아쉬워 동료들의 만류에도 불구하고 옥수수밭에 혼자 남았다. 혼자 남은 철새는 무리 지어 떠나는 동료들을 보고 이렇게 말했다.
　"이렇게 맛있는 옥수수를 두고 모두 떠나다니 모두 겁쟁이들이군!"
　원래는 이튿날 떠나기로 다짐했던 철새는 힘들이지 않고 먹이를 먹을 수 있게 되자 마음이 다시 변했다. 주변에 널려 있는 옥수수를 놓고 떠나기가 너무 아쉬워 하루를 보내고 너무 먹어 피곤해서 또 하루를 보내고 떠날 채비를 하느라 또 하루를 미루다 보니 어느덧 날씨가 추워지기 시작했다.

겨울 한파가 갑자기 몰려오기 시작하자 철새는 황급히 그 옥수수밭을 떠나기로 하고 있는 힘을 다해 날개를 폈다. 그러나 그동안 너무 먹고 운동을 하지 않아 몸이 무거워 날 수가 없게 된 것을 깨달았다. 아무리 날려고 몸부림을 쳐 보아도 날 수 없게 된 철새는 그만 얼어 죽고 말았다.

우리는 인생에서 오늘보다 더 나은 내일을 살기 위해 오늘 수많은 계획을 세운다. 살다 보면 오로지 오늘을 편하게 지내고 싶은 본능을 이기지 못해 오늘 할 일을 뒤로 미루는 우를 자주 범한다. 그리고는 얼마 가지 않아 후회한다.

오늘은 어제 우리가 일군 노력에 대한 보상이고 내일은 오늘의 노력에 대한 결과다. 몇 해 전 일본 여행에서 겪었던 일이다. 초겨울이었고 새벽에 주변을 산책하고 있었는데 연못에 살짝 살얼음이 얼어 있었다. 그때 이름 모를 작은 새 몇 마리가 공중으로 솟았다가 연달아 물속으로 머리부터 풍덩풍덩 빠지는 것이었다. 그 광경을 이상하게 여긴 나는 한참을 보고 있다가 놀라운 사실을 발견했다. 새들이 높이 솟아올랐다가 머리부터 곤두박질을 여러 번 계속하는 것이었다. 머리부터 떨어지기 때문에 얼음이 조금이라도 두꺼우면 머리를 부딪쳐 죽을 수도 있겠다는 생각도 들었다. 그곳에 사는 지인에게 그 이유를 물었다.

겨울에 얼음이 얼면 새들이 물속에 있는 먹이를 잡을 수가 없게 되어 모두 굶어 죽을 수밖에 없기 때문에 건강하고 젊은 새들이 무리 전체를 위해 목숨을 걸고 다이빙을 계속해 물결을 일으켜 물이 얼지 못하게 하는 것이라고 했다.

설명을 듣고 머리가 띵했다. 저렇게 작은 새들도 모두를 위해 목숨을 건 다이빙을 하는데 '만물의 영장'이라고 큰소리치는 우리 인간은 어떠한가. 스스로 초라하게만 느껴졌던 새벽이었다.

친절은 눈덩이를 굴리는 일

누군가는 무심코 지나칠 상황이 어떤 사람에게는 인생을 완전히 바꿀 만한 큰 전환점이 될 수 있다. 미국의 권위 있는 산부인과 의사였고 존스 홉킨스 대학교와 존스 홉킨스 병원의 공동 설립자인 하워드 켈리Howard Kelly 박사의 이야기다. 뿌린대로 거둔다는 단순한 진리와 작은 친절이 큰 기적을 만들 수 있다는 것을 실천해 많은 사람의 가슴을 따뜻하게 한 실화다.

1800년대 후반 미국의 어느 도시에 이것저것 물건을 떼다가 방문 판매를 하며 번 돈으로 공부하던 어느 고학생이 있었다. 그날도 온종일 무거운 물건을 들고 집집이 돌아다니던 젊은 고학생은 저녁이 될 무렵 기진맥진하여 마지막 집 문을 두드린다. 그날따라 가지고 간 물건이 전혀 팔리지 않아 주머니가 빈털터리여서 무엇을 사 먹을 수도 없었기에 몹시 지쳐 있었고 배가

고픈 상태였다.

"계십니까?"

문을 두드리자 예쁜 소녀가 문을 열고 나왔다. 부끄러움을 많이 타던 고학생은 기어들어 가는 목소리로 차마 먹을 것을 달라는 소리를 하지 못하고 물 한 컵만 달라고 했다. 소녀는 젊은 고학생이 배가 몹시 고프다는 것을 눈치채고 커다란 잔에 우유 한 컵을 가득 담아 왔다.

고학생은 그 우유를 단숨에 마셨다. 그러자 온몸에 새로운 힘이 나는 것 같았다. 고학생은 배도 고팠지만 그 소녀의 친절이 목이 멜 만큼 고마웠다.

"고맙습니다. 우윳값으로 얼마를 드리면 될까요?"

소녀는 이렇게 대답했다.

"그럴 필요 없어요. 우리 엄마는 남에게 친절을 베풀면서 돈을 받는 게 아니라고 했어요."

이 말에 큰 감동을 받은 고학생은 진심으로 고맙다고 소녀에게 몇 번이나 말했다. 그동안 어렵게 공부를 하면서 먹을 것과 학비를 스스로 마련하는 게 너무 힘이 들어 모든 것을 몇 번이나 포기하려 했던 고학생은 그날 우유 한 잔의 배려로 어려움을 이겨 나갈 힘을 얻었다.

그로부터 십수 년의 세월이 흘렀다. 성인이 된 그 소녀는 우연히 희귀병에 걸려 병원을 찾아갔는데 병원에서는 큰 병원에 가서 치료받기를 권했다. 빨리 가지 않으면 생명이 위험할 수도 있다고 했다.

참으로 묘한 인연이었다. 성인이 된 소녀가 찾아간 도시의 큰 병원에는 그 고학생이 의사가 되어 근무하고 있었고, 우유 한잔의 인연을 고스란히 기억하고 있었다. 소녀였던 여인은 의사를 알아보지 못했지만 의사는 단번에 그 여인을 알아본 것이다. 의사가 밤낮으로 정성을 다해 치료한 끝에, 여인은 고치기 힘들다는 병에서 기적적으로 완치할 수 있었다.

죽음의 문턱에서 극적으로 살아난 여인은 퇴원을 앞두고 치료비 청구서를 병원으로부터 받았다. 치료비가 엄청나게 나올 것이라 걱정하며 청구서를 보았는데 거기에는 이렇게 쓰여 있었다.

"지난날 우유 한 잔으로 병원비가 모두 지불되었습니다."

누구나 마음속 깊은 곳에 기억하는 사람이 있다. 아무런 대가 없이 사랑을 준 사람이며 자신에게 특별한 관심을 보여 준 그런 사람이다. 잠시 스쳐 가는 사람이라고 함부로 대해서는 안 될 일이다. 스치고 만나는 모든 사람에게 한결같이 대해야 한다. 우리 모두 오늘도 주변의 모든 이들에게 항상 향기로운 꽃처럼 기억되었으면 좋겠다. 우리의 온 삶이 그랬으면 좋겠다.

타인에게 줄 수 있는 가장 큰 선물

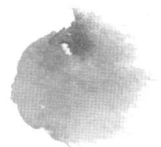

비가 엄청스럽게 내리고 있었다. 가구점이 밀집해 있는 가구 단지에서 어떤 할머니가 당황한 기색으로 여기저기 살피고 있었다. 아무도 그 할머니에게 신경을 쓰지 않고 있었는데, 한 젊은 가구점 주인이 할머니를 보고 웃으며 다가가서 말했다.

"할머니, 이쪽으로 들어오세요."

그는 추위에 떨고 있는 할머니를 가게 안으로 모시려고 했다.

"괜찮아요. 나는 가구를 사러 온 것이 아니라 차를 기다리고 있는 중입니다."

할머니가 가구점 주인의 호의를 정중히 사양했지만 주인은 여전히 웃으며 말했다.

"물건을 안 사셔도 괜찮습니다. 그냥 앉아서 편히 쉬시고 가구도 구경하고 가세요."

그는 할머니에게 따뜻한 차 한잔을 대접했다. 할머니는 가구점 주인의 친절에 고마워하며 안으로 들어가 소파에 편히 앉아 차를 기다렸다.

가구점 주인은 차가 올 때까지 이 이야기, 저 이야기를 하면서 같이 시간을 보냈다.

"할머니, 안녕히 가세요."

"고마웠어요 젊은이! 명함 한 장 주세요."

그 일이 있은 며칠 후 가구점 주인은 한 통의 편지를 받았다.

"비가 많이 오던 날 저희 어머니께 극진한 친절을 베풀어 주셔서 감사합니다. 이제부터 우리 회사에 필요한 가구 일체를 당신에게 의뢰하고 싶습니다. 내 고향에 큰 집을 짓고 있는데 그곳에서 필요한 가구도 모두 당신에게 주문하라 지시하겠습니다."

편지는 놀랍게도 당대 미국의 철강왕이라 불렸던 앤드루 카네기에게서 온 것이었다. 몇 년이 지난 후 그 가구점 주인은 그 가구 단지 내에서 제일 큰 가구점을 가지게 되었다. 미국 최고의 교육자 데일 카네기 전집에 나오는 이야기다.

친절이 몸에 밴 사람에게는 그 친절이 성공의 기회를 가져다주기도 하고 인생을 변화시켜 주기도 한다. 얼굴도, 이름도 모르는 타인에게 우리가 줄 수 있는 가장 큰 선물은 친절이다.

이름도 모르고 베푼 선의

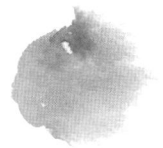

혹서기인 7월 어느 날 오후, 아스팔트 열기가 무척 뜨거웠다. 온 세상이 숨이 턱턱 막힐 지경이었다. 병원의 수납처 앞에서 발을 동동 구르며 오열하는 중년 여성과 복도 한쪽 구석을 응시하며 넋이 나간 듯 서 있는 중년 남자가 있었다.

"여보 어떡해… 오늘 수술 못 하면 정은이가 죽는대…"

"…"

어찌할 바를 모르고 정신이 반쯤 나간 남자는 아무 말 없이 아내의 손을 뿌리치고 병원 문밖으로 나왔다. 아내의 미칠듯한 통곡 소리가 귓전을 울리는 것을 뒤로하고 발길 닿는 대로 간 곳은 병원 앞의 작은 식당이었다. 그저 아픔의 시간 안에서 미어지는 가슴을 혼자 꾹꾹 눌러가며 고통을 견뎌 내는 그 남자의 슬픈 현실 앞에 소주 한 병과 깍두기 한 접시가 놓여 있었다.

아무 말 없이 소주잔을 연거푸 비운 남자는 어느덧 어두컴컴해지는 저녁 무렵이 되자 식당을 나와 마땅히 갈 곳도 없으면서 터덜터덜 걸었다. 문득 담배 한 갑을 사려고 멈춰 선 가게 앞, 술김에 문손잡이를 당겼더니 가게 문이 슬며시 열렸다. 무언가 찾으려는 듯 두리번거리던 남자의 눈에 오래된 전등 빛에 희미하게 비친 돈 통이 들어왔다.

"여보, 무엇이든 해 봐! 누구한테 매달리기라도 해 봐! 우리 정은이 살려야 되잖아!"

아내의 비수 같은 말이 그 순간 뇌리를 스치고 지나갔다. 돈 통을 열고 주머니에 닥치는 대로 현금을 주워 담던 남자가 어디선가 자신을 바라보는 인기척이 느껴져 고개를 돌리는 순간 백발의 할머니 한 분과 눈이 마주쳤다.

밥그릇이 배고픔에 뒤집어지듯 남자는 주머니에 담았던 돈을 다시 돈통에 다시 옮겨 놓기 시작했고, 말없이 다가선 할머니의 입에서 이런 말이 흘러나왔다.

"잔돈푼을 가져다 어디에 쓰려고…. 무슨 딱한 사정이 있어 보이는데 그 이유나 한번 들어 보세."

남자는 할머니 앞에서 무릎을 꿇고 오열할 뿐이었다.

"됐네. 그만하게. 더 말 안 해도 알겠어. 오죽 힘이 들었으면…. 쯧쯧! 힘내게! 살다 보면 뜻하지 않게 앞이 캄캄할 정도로 힘든 일들이 생기는 게 인생 아니겠나. 가지 말고 여기 잠시만 있어 보게."

할머니는 방 안에 들어가서 얼마 후 나오더니 보자기로 둘둘 만 무언가를 남자의 손에 쥐어 주었다.

"부족하겠지만 우선 이것 가지고 빨리 가 봐! 급한 불은 끄고 봐야지. 사람 목숨이 먼저 아닌가."

아무 말도 하지 못하고 연신 고개를 조아리던 남자가 몇 번이고 뒤를 돌아보다가 어둠 속으로 사라지는 뒷모습을 바라보면서 할머니는 "그래! 열심히 살아, 그리고 무슨 일이든 절대 포기 하지 마. 그러면 좋은 날이 분명히 올 거야."라고 말하고 있었다.

3년이 흐르고 다시 찾아온 무더운 여름의 어느 날, 저녁 가게 문을 열고 한 남자가 들어섰다.

"어서 오세요. 뭘 드릴까요?"

자신을 맞이하는 젊은 여자를 외면한 채, 두리번거리기만 하던 남자가 물었다.

"저, 여기 혹시 할머니는…?"

"아, 저희 어머니 찾으시는군요. 작년에 돌아가셨습니다."

며칠 후 할머니가 묻히신 수목장의 나무 아래 한 가족이 꽃을 들고 서 있었다.

"그때 할머니께서 빌려주신 그 돈으로 우리 정은이가 살아났습니다. 그때 너무나 감사했습니다! 그땐 너무나 감사했습니다!"

통한의 눈물을 흘리던 아빠와 가족의 눈에 묘비에 적힌 글자가 눈에 들어왔다.

"사랑은 감사와 나눔으로 그 의미를 실천할 수 있다."

몇 해가 더 흐르고, 해맑은 하늘에 얼굴을 간질이는 솔솔바람이 간간이 불어오는 날 오후, 공원에 세워진 작은 푸드트럭 한 대 앞에 할머니 할아버지들이 모여 있었다. 그리고 푸드트럭 맨 꼭대기에 깃발 하나가 바람에 펄럭이고 있었다. 그 깃발에는 할머니의 묘비명을 옮겨 적은 글이 펄럭이고 있었다. 장애인 복지관으로 장애인 예절 교육을 다니시던 어느 자원봉사자 한 분이 실화라고 하며 들려주신 가슴 저리는 사랑의 의미 이야기다.

참우정, 참사랑이란

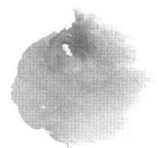

독일의 한 작은 시골 마을에 그림 그리기를 좋아하는 두 친구가 있었다. 그러나 이들은 집안이 너무 가난해서 그렇게도 하고 싶은 미술 공부를 할 수가 없었다. 같은 처지에 있던 두 친구는 어떻게 해야 마음 놓고 미술 공부를 할 수 있을지 의논하다가 한 친구가 의견을 내놓았다.

"두 사람 중 한 사람이 먼저 도시에 있는 미술 학교에 들어가 공부하는 동안 한 사람은 열심히 돈을 벌어 학비를 대자. 그리고 먼저 공부를 마친 사람이 열심히 그림을 그려 나머지 한 친구의 학비를 벌자."

계획대로 한 친구가 먼저 도시로 떠났다. 다른 친구는 닥치는 대로 열심히 일해서 공부하는 친구를 뒷바라지했다. 그러나 미술 공부를 마친 친구는 유명한 화가가 돼서 바쁜 생활 속에 어러서 했던 약속을 까맣게 잊고 살다가 우연히 어렸을 적 친구를 생각하게 된다.

그는 뒤늦게 친구를 찾기 위해 수소문하다가 작은 시골 교회에서 기도를 하고 있는 친구를 발견하게 된다. 교회의 뒷자리에 앉아 두 손을 모으고 간절하게 기도하는 친구의 말을 듣고 그는 자리에 주저앉아 통곡을 한다.

"저의 손은 험한 일을 하다가 굳어 버려 그림을 그리지 못하게 되었습니다. 제 친구가 제 몫까지 그림을 잘 그릴 수 있도록 끝까지 도와주시옵소서!"

화가가 된 친구는 두 손을 모으고 기도하는 친구의 손을 그렸고, 이 그림을 그린 사람이 바로 독일 르네상스 회화의 정점을 이룬 화가로 평가받는 알브레히트 뒤러Albrecht Dürer다. 그는 비로소 친구의 희생 덕에 지금의 자신이 있음을 깨닫게 된다. 친구를 향한 위대한 사랑과 믿음이 담긴 이 작품은 독일 뉘른베르크 박물관에 보관되어 있다. 후에 뒤러는 그때의 상황을 회상하며 이렇게 말했다.

"기도하는 손이 가장 깨끗한 손이며 가장 위대한 손이다."

중국의 고사성어 중에 변함없이 서로를 이해해 주는 친구라는 뜻의 '관포지교管鮑之交'라는 말이 있다. 중국 춘추전국시대 제나라 재상 관중에게는 젊은 시절 포숙아라는 둘도 없이 친한 친구가 있었다. 한때 관중은 친구 포숙아와 함께 장사를 했는데 이익금을 나눌 때 항상 관중이 늘 더 많이 가져갔다. 그러나 포숙아는 관중을 나무라지 않았다. 병든 노모를 돌보느라 관중이 포숙아보다 더 가난했기 때문이었다.

한번은 관중이 전쟁터에 나가게 되었다. 적군의 힘에 밀려 목숨이 위태로워지자 관중이 갑자기 도망을 쳤다. 그러나 포숙아는 관중을 비겁자라 비난하지 않았다. 병든 노모가 있기 때문에 관중이 몸을 아낌이 당연하다고 생각했기 때문이었다.

포숙아는 친구 관중의 그 많은 허물과 부족함을 이해하고 덮어 준 참된 친구였던 것이다. 훗날 재상이 된 관중은 "나를 낳으신 분은 부모요, 나를 깨우치고 가르친 사람은 포숙아뿐"이라고 했다.

세상 사람들은 이해할 만한 것을 이해하고 관심을 가질 만할 때 관심을 가지는 것을 두고 사랑이라 말한다. 그러나 관중과 포숙아의 이야기에서 알 수 있듯 '참사랑'은 도저히 이해할 수 없는 상황에서 상대방을 이해하고 관심을 갖는 것이다.

선행은 릴레이가 된다

선행은 개인의 삶에 긍정적인 변화와 행복을 전해 주기도 하고 그 삶에 깊은 의미를 부여하기도 한다. 또한 어려움을 겪고 있는 이웃을 도울 때 그 따뜻한 마음이 사회에 긍정적인 영향을 미치고 이러한 선행이 모여 우리 사회 전체를 더욱 풍요롭게 만든다.

강한 추위 속 폭설이 내리는 고속도로로 퇴근을 하던 한 남자가 갓길에 차를 멈춘 채 어쩔 줄을 모르는 한 할머니를 발견했다. 큰 사고로 이어질 수 있어 누가 봐도 급히 도움이 필요한 상황이었다. 그 남자는 곧장 할머니의 고장 난 차 앞에 자기 차를 세우고 무슨 일인지 물어봤다. 할머니는 차가 갑자기 서서 한참 동안 도로에 서서 도움을 요청했지만 모두 그냥 가 버렸다고 말했다.

그 남자는 얼굴에 친절한 웃음을 띠고 있었지만 할머니는 매우 불안해했다. 한 시간 넘게 아무도 도와주지 않았는데 막상 누군가 다가오니 두려움이 생긴 것이다. 게다가 남자의 차림새도 어수룩한 것이 영 느낌이 좋지 않았다. 남자는 할머니의 두려움을 눈치챘다. 어쩌면 너무 떨어서 무서움이 더욱 커진 줄도 몰랐다. 그는 할머니에게 웃으면서 친절하게 말을 건넸다.

"차가 왜 그런지 제가 봐 드리겠습니다. 걱정하지 마시고 차 안에 들어가 계시는 게 좋겠습니다. 제 이름은 브라이언 앤더슨입니다."

그가 차를 살펴보니 앞 타이어 하나에 구멍이 나 있었을 뿐 큰 고장은 아니었다. 앤더슨은 장비를 가지고 와서 바로 타이어를 교체했다. 타이어 휠의 나사를 조이며 마무리할 때쯤 할머니는 차에서 내려 앤더슨에게 감사의 말을 건넸다. 할머니는 앤더슨에게 사례비를 건네려 했지만 앤더슨은 돈을 받을 생각이 전혀 없었다. 타이어 교체는 그에게 별일이 아니었고 어려움에 처한 사람을 마땅히 도운 것뿐이라고 생각했다. 앤더슨은 할머니의 간곡한 사례를 뿌리치면서 이렇게 말한다.

"정 갚고 싶다면 다음에 도움이 필요한 사람을 만나셨을 때 그 사람을 도와주면 됩니다. 그리고 그때 저를 생각해 주세요."

그는 할머니가 고맙다고 손을 흔들며 출발하는 것을 지켜보았다. 그리고 행복하게 집으로 돌아갔다.

할머니는 다시 집으로 돌아가다가 저녁이 되어 요기도 할 겸 길가의 아주 작은 카페로 들어갔다. 온종일 운전을 한 데다 오랜 시간 긴장한 채 추위에 떨었기 때문에 피곤했다. 그러던 중 카페 여종업원이 만삭임을 알게 되었다. 몸을 움직이기 힘들 텐데도 그녀가 여전히 친절한 태도를 유지하고 있는 것이 놀라웠다. 할머니는 조금 전에 만났던 앤더슨 생각이 났다. 식사를 마치고 할머니는 계산대에서 100달러짜리 지폐 한 장을 내밀었다. 배부른 여종업원이 거스름돈을 가지러 간 사이 할머니는 식당 밖으로 나가 버렸다. 한 장의 메모지에 적힌 글을 읽으면서 만삭인 여종업원은 눈물을 흘렸다. 그 메모지에는 이런 글이 쓰여 있었다.

"당신은 내게 빚진 게 하나도 없어요. 나 역시 얼마 전에 그런 입장이었든요. 누가 나를 도와주었고, 나 역시 그 사람처럼 당신을 돕고 싶었어요. 당신과 새로 태어나는 아기를 축복합니다."

메모지 밑에는 100달러짜리 지폐 4장이 더 있었다.

"어떻게 우리가 도움이 필요한 상황이라는 것을 알았을까? 곧 출산 예정이라 돈이 매우 필요했는데!"

만삭의 종업원은 할머니의 차를 고쳐 준 브라이언 앤더슨의 아내였다. 실화로 알려진 아름다운 이 사랑 이야기는 참으로 우리들의 마음을 따뜻하게 한다.

기브 앤 낫 테이크

그동안 우리가 배운 것은 '기브 앤 테이크give and take'였다. 무엇이든지 주는 것이 있어야 받는다는 것이다. 또 주었으니 받아야 한다는 논리다. 물론 이 말이 틀렸다는 말이 아니다. 특히 사업상에서는 이 '기브 앤 테이크'가 지켜지지 않으면 관계를 지속할 수가 없게 된다. 한쪽에서 요구만 하고 상대방의 호의를 무시하면 그 거래는 성립될 수가 없고 다른 사람들이 상대해 주지 않게 된다.

그런데 일상생활에서 '기브 앤 테이크'가 아닌 '기브 앤 낫 테이크give and not take'의 마음을 가지고 산다면 우리는 훨씬 더 의미 있는 삶을 살 수 있을 것 같다는 생각이 든다. 보답을 기대하지 않고 상대방에게 그냥 주는 것, 주는 자체로 내가 행복해질 수 있다는 이야기다. 아마 부모님의 마음이 이럴 것이다. 자식을 낳아서 키우고 가르치면서 어떤 대가를 바라는 부모는 한 사람도 없을 것이다. 세상의 모든 부모는 자식한테 주는 것 그 자체를 행복이라 여기고 산다.

주는 것만으로 만족하는 삶을 산다면 우리는 성숙한 기쁨을 얻을 수 있다. 우리는 그동안 당연히 준 만큼 받아야 된다고 생각하고 살았다. 심지어 덜 주고 더 많이 받아야 현명하고 똑똑한 것이라 배웠다. 우리는 상대방에게 무언가를 주며 기대했던 대가가 돌아오지 않으면 서서히 서운해지기 시작한다. 그러다가 화를 내게 되고 상대를 원망하고 미워하는 마음이 생긴다. 사실 나도 처음부터 기대하지 않고 주는 것, 주는 자체로 행복하다는 의미를 깨달은 지 얼마 되지 않았다. 그 깨달음을 주었던 두 사람을 소개한다.

살아 있는 성인으로 알려진 알버트 슈바이처Albert Schweitzer 박사가 노벨 평화상을 받으러 프랑스 파리에 온다는 소식을 들은 신문 기자들이 그가 타기로 된 열차에 먼저 올라타 슈바이처를 기다리고 있었다. 기차가 출발하고 기자들은 1등 칸에서 슈바이처를 찾기 시작했지만 1등 칸에는 슈바이처가 없었다. 2등 칸에서도 슈바이처를 찾지 못한 기자들은 한참 후에 3등 칸 구석에서 환자를 돌보고 있는 슈바이처를 발견하게 된다. 환자들을 열심히 진료하던 슈바이처에게 기자들이 물었다.

"박사님! 오늘 같은 날 어떻게 빈민들이 타는 3등 칸에서 지

저분한 사람들을 돌보고 계십니까?"

슈바이처 박사는 아무렇지도 않다는 듯 대답했다.

"이분들에게 제가 필요해서요! 저는 어디서든지 제가 필요로 하는 곳을 찾아다닙니다."

우리나라에도 슈바이처 박사에 버금가는 인물이 있었다. 의과대학을 졸업하고 의사가 된 이태석 신부는 장래가 보장된 의사의 길을 버리고 2001년 사제 서품을 받았다. 그리고는 자원해서 아프리카에서도 가장 오지로 꼽히는 남수단으로 떠났다. 이태석 신부는 그곳에서 병실 12개짜리 병원을 짓고 하루 300명의 주민을 치료하기 시작했다. 가난과 풍토병, 그리고 문둥병으로 알려진 한센병 환자들과 동고동락하면서 치료에 몰두했다. 또 학교와 기숙사를 세워 내전으로 고아가 된 아이들을 가르치고 그들이 자립할 수 있도록 도움을 주었다.

이태석 신부가 가르친 제자들은 훗날 의사, 법률가, 경제인, 사회사업가로 성장했다. 그런데 이태석 신부는 안타깝게도 자기 몸을 돌볼 틈 없이 헌신하다가 대장암 판정을 받고 투병 생활을 하던 중 2010년 1월에 홀연히 세상을 떠났다.

이태석 신부가 떠난 지 십수 년, 그를 기억하는 사람들이 그렇게 많지는 않다. 사람들은 여전히 누가 사회적으로 더 출세하고 누가 어떻게 해서 돈을 많이 벌었는가에 더 관심이 많기 때문이다. 우리는 적게 주고 많이 받는 것에만 몰두하고 살았다.

평소 이태석 신부를 존경하던 어느 학생이 물었다.

"신부님! 왜 의사의 길을 버리고 목숨까지도 위험한 고난의 길을 가시려 하십니까? 여기서도 얼마든지 의로운 일을 할 수 있잖아요."

"학생은 길에 돌과 다이아몬드가 떨어져 있다고 한다면 무엇을 먼저 줍겠어요?"

"그야 물론 다이아몬드죠!"

"나에게는 가난과 질병에 시달리는 아프리카의 아이들이 천사이고 다이아몬드입니다!"

'기브 앤 낫 테이크'를 실천한 사람들, 그들의 얼굴에는 하나같이 늘 기쁨과 행복이 넘쳤다. 우리가 참행복을 누릴 때는 내 것이 많을 때가 아니라, 내가 좋아하는 것을 함께 나눌 사람이 있을 때다.

6부   지혜로운 여생을 위하여

정답보다 아름다운 오답

　공자의 제자는 3,000여 명으로 알려져 있는데, 그중에서 공자에게 사랑을 제일 많이 받고 신임을 얻었던 제자는 안회와 자로였다. 어느 봄날 공자가 안회를 불러 장에 가서 옷감을 사 오라고 일렀다. 안회가 장터에 이르러 언덕 위에서 장안을 내려다보던 중에 포목점 앞에서 큰 싸움이 난 것을 목격하게 된다. 무슨 일인가 한걸음에 달려가서 싸움이 난 내용을 들어 보니 손님이 옷감을 사고 계산을 하는 과정에서 싸움이 시작되었다고 했다. 손님이 3×8=23이라고 하면서 23전만 주려 하자 포목점 주인은 어이가 없다는 듯 3×8=24가 맞지 어떻게 23이냐고 비웃으면서 면박을 주었다. 사람들 앞에서 망신을 당한 손님이 자기 뜻을 굽히지 않았고 결국 멱살잡이로 이어졌다. 3×8=24라는 것을 확실하게 알고 있었던 안회가 그 싸움에 끼어들게 된다.

"이보시오! 3×8=24가 맞소!"

안 그래도 화가 풀리지 않은 손님이 안회의 멱살을 잡아 흔들었다. 제대로 결론이 나지 않고 싸움판만 커지게 되자 어느 노인이 이렇게 제안했다.

"모두 이럴 것이 아니라 저 언덕 너머에 사는 공자라고 하는 현인에게 가서 물어봅시다."

세 사람은 공자님한테 가기로 했고 그 결론이 궁금했던 많은 구경꾼이 그들을 쫓아갔다. 가는 도중에 화가 풀리지 않은 손님이 안회에게 제안을 했다.

"공자님이 3×8=24가 맞다고 하면 나는 내 목을 내놓겠소! 당신은 23이 맞다고 하면 무엇을 내놓겠소?"

"나는 공부하는 사람이라 가진 것이 없으니 내가 낸 답이 틀렸다고 하면 내가 쓰고 있는 갓을 당신에게 주겠소!"

자초지종을 들은 공자가 한참 만에 입을 열었다.

"3×8=23이 맞느니라! 안회야, 네 갓을 저 사람에게 벗어 주어라."

듣고 있던 안회는 물론 답을 알고 있던 구경꾼들 모두가 아연실색했다. 너무 억울했던 안회는 스승 곁을 떠나 고향으로 돌아가 버렸다. 시간이 한참 지나고 화가 어느 정도 풀린 안회는 그렇게 존경하던 스승님이 어쩌다 노망이 들었는지 안타깝게 생각하게 되었다.

"마지막으로 스승님을 찾아가 틀린 것을 바로잡아 드리자."

안회는 공자를 찾아가서 말했다.

"스승님께서 저희에게 셈법을 가르쳐 주시면서 3×8=24라고 분명히 말씀하셨습니다. 틀린 답을 낸 제자의 종아리를 치기도 하셨습니다. 그런 스승님께서 어떻게 사람들 앞에서 틀린 답으로 저에게 망신을 주실 수가 있습니까? 아무쪼록 정신 바짝 차리시고 여생을 편히 보내시기 바랍니다."

말을 마치고 떠나려는 안회를 공자가 불러 세웠다.

"이 어리석은 놈아! 내가 3×8=24가 맞다고 하면 그 사람은 목숨을 내어놓아야 했고 내가 3×8=23이 맞다고 하면 너는 그 사람에게 그냥 갓만 벗어 주면 되지 않았겠느냐! 어찌 간단한 이 이치를 모르면서 공부를 했다 하겠느냐! 어찌 하찮은 지식이 사람의 목숨보다 귀하겠느냐? 결코 지식이 지혜보다 앞서서는 안되는 법이거늘, 먼저 지혜를 갖추고 그다음에 지식을 쌓는 것이 도리에 맞는 것이고 모든 일에 실수가 없는 법이니라!"

크게 깨달은 안회는 공자 밑에서 몇 년을 더 공부에 매진한 다음 세상에 내려가 사람들에게 존경을 받는 큰 인물이 되었더란다.

삶의 부피와 삶의 질

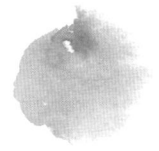

32세의 나이에 백만장자가 된 미국 석유 사업의 아버지 존 록 펠러John Rockefeller 이야기다. 미국 최고의 부자로 살던 록펠러가 53세에 이르렀을 때, 머리카락도 다 빠지고 눈썹도 빠지고 뼈만 앙상하게 남는 희귀병에 걸리게 되었다. 록펠러는 절망 속에서 의사로부터 2년 안에 죽는다는 시한부 선고를 받았다. 그 많은 재산도 그를 살릴 수는 없었는지 미국 내의 유명하다는 어떤 의사도 치료할 수가 없었다.

록펠러는 병이 들기 전까지는 미국의 경제계에서 자린고비로 유명했다. 또 노동자들에게는 잔혹할 만큼 냉혹했고 사업장 안에서 고소 고발이 끊이지 않았다. 그러다 보니 그의 곁에는 아무도 안쓰러워하는 사람이 없었다. 록펠러는 모든 것을 포기하고 죽을 날만 기다릴 수밖에 없는 신세가 되었다.

어느 날 문병을 온 사람을 배웅하기 위해 병실을 나서 1층 수납처를 지나가던 록펠러는 어린아이를 퇴원시키려 하는데 돈이 없어 병원 측에 애원하는 젊은 부부를 발견하게 된다.

"지금 저희가 가지고 있는 돈을 전부 드리고 나머지는 저희가 열심히 벌어 꼭 갚겠습니다."

눈물로 사정하는 부부의 모습을 바라보던 록펠러가 그들의 병원비를 대신 납부했다. 그런데 록펠러는 그날부터 그전까지 느껴 보지 못한 기분을 느끼게 되었다. 기분이 하늘을 날아갈 듯 좋아졌으며 절망에 휩싸여 있던 록펠러의 마음속에 기쁜 마음이 생기게 된 것이다. 록펠러는 이때부터 어려운 사람들을 열심히 돕는 과정에서 자기의 병이 나아질 수 있다는 확신을 갖게 된다. 실제로 이 시점부터 몸도 기적적으로 조금씩 회복되기 시작했다.

그는 주변의 어려운 사람들을 체계적으로 돕기 시작했다. 아무리 재산이 많은 사람이라도 죽으면 아무 소용이 없다는 것을 깨우치게 된 록펠러는 죽기 전에 기부 재단을 만들어 98세에 죽기까지 세계적인 대학 12개를 세웠으며 5,000개에 가까운 교회를 만들어 사회에 봉헌하였다. 우리가 익히 알고 있는 시카고 대학교도 그중의 하나다.

록펠러의 일화에서 지혜를 얻을 수 있다. 잠시 왔다 가는 인생, 어디서 왔다가 어디로 가는지 모르는 인생, 왜 사는지도 모르는 채 경제적 부유함 없이 행복하게 살 수 없다고 착각하고 사는 우매한 우리에게 다시 한번 삶의 의미를 생각해 보게 하는 이야기다.

　남을 복되게 하고 행복하게 한다면 자신이 느끼는 행복은 배가 된다. 주는 사랑이 받는 사랑보다 더 행복하듯 행복 또한 베풂 속에서 더욱 커지기 때문이다. 물질이 풍부하다고 해서 모두 행복한 것은 아니다. 삶의 질이 풍부해야 행복한 것이다. 삶의 부피도 중요하지만 그보다 더욱 중요한 것은 삶의 질을 높이는 것이다.

마더 테레사 효과

마더 테레사Teresa 수녀는 1910년에 오늘날의 마케도니아에서 태어났다. 그녀의 가족은 독실한 가톨릭 신자였으며 어려서의 생활은 비교적 편안했다고 전해진다. 그러나 그녀는 일찍이 가난한 사람을 돕고자 하는 열망을 지니고 있었으며 18세에 아일랜드로 가서 시작한 수도회 생활이 그녀의 인생을 바꾸는 계기가 되었다.

마더 테레사는 세상에서 어렵고 힘든 빈민가의 사람들을 위해 헌신하라는 내면의 소리를 들은 후 인도의 캘커타(지금의 콜카타) 빈민가에서 선교 활동을 시작하게 된다. 1950년 사랑의 선교회라는 단체를 설립하고 고아, 노숙자, 빈민, 병자와 죽어 가는 사람들을 위한 시설을 만들어 '가난 속에서의 기쁨'을 외치며 남을 위한 헌신 속에서 자신의 사명을 찾았다.

마더 테레사와 관련된 일화를 정리해 보았다. 첫째, 빈민가의 길에서 죽어 가는 사람을 발견하고 직접 그를 업고 와서 마지막 순간을 편안하게 보낼 수 있도록 돌봤다. 둘째, 한번은 마더 테레사에게 왜 이런 일을 하느냐고 기자들이 묻자, 그녀는 "내 앞에 있는 한 사람, 그 한 사람을 사랑하기 위해서"라고 답했다. 셋째, 그녀가 1979년 노벨 평화상 상금을 받았을 때, 그 돈을 전부 전염병 환자들의 쉼터인 병동 몇 동을 짓는 데 썼다는 이야기는 지금도 널리 회자 되고 있다. 넷째, 그녀는 자신의 생일을 맞아 축하하는 음식 대신 가난해서 굶주리는 사람들을 위한 식사 자리를 마련하였다. 마더 테레사는 항상 작은 일에도 큰 사랑을 담으라는 말을 강조하며 작은 선행이 모여 큰 변화를 만든다는 가르침을 주었다.

"나는 하느님의 작은 몽당연필이었다!"

생전에 마더 테레사가 했던 말이다. 마더 테레사는 이러한 헌신적인 활동을 통해 많은 사람에게 영감을 주고 진정한 사랑의 실천이 무엇인가에 관한 깨달음을 우리에게 주었다. 1997년 평생을 헐벗고 굶주린 이웃을 섬긴 마더 테레사가 선종하고 얼마 후, 하버드 대학교에서 봉사에 관한 의미 있는 연구 결과를 발표했다. 남을 위한 봉사활동이나 선행을 직접 하거나 보면 인체 면역 기능이 대폭 향상된다는 내용이었다. 정신의학자들은 이를 '마더 테레사 효과'라고 명명하였다.

하루하루의 커다란 가치

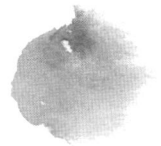

 어느 한 부족장이 자기의 후계자를 세우기 위해 부족의 청년 중에 가장 지혜가 있는 자를 뽑기로 했다. 족장은 여러 과정을 통과한 세 청년에게 마지막 관문으로 그 지역에서 가장 높은 산 정상을 가리키면서 그 산에서 가장 귀한 것을 하나씩 가져오라고 말했다. 물론 제일 귀한 것을 가져오는 사람에게 추장 자리를 물려준다는 말도 빠트리지 않았다.
 세 청년은 죽기 살기로 산에서 자기가 생각한 귀한 것을 찾기 시작했다. 어떤 청년은 귀한 것은 사람들이 잘 다니지 않는 절벽 쪽에 있을 것이라 생각하고 목숨을 걸고 절벽을 기어올랐다.
 정해진 시간이 지난 뒤, 첫 번째로 도착한 청년은 제일 높은 산봉우리에서만 자란다는 약초를 추장에게 바쳤다. 이어서 두 번째 청년이 시간에 늦을세라 헐레벌떡 뛰어와서 깊은 산속 선

선한 음지의 숲속에서만 산다는, 그리고 보통 사람들의 눈에는 보이지 않는다는 푸른 이끼를 가져와 추장에게 바쳤다. 곧 세 번째 청년이 돌아와 추장 앞에 섰는데 빈손이었다. 추장을 비롯한 여러 사람이 의아하게 여겨 자초지종을 물었다. 청년은 전혀 동요하는 기색 없이 이렇게 말한다.

"저는 우리 부족의 미래를 보고, 제 가슴속에 담아 온 것이 있는데 그건 바로 언덕 너머에 있는 넓고 넓은 기름진 땅이었습니다. 저는 제가 추장이 된다면 그 넓은 기름진 땅을 개간하여 우리 부족이 풍요롭게 살 꿈을 가지고 왔습니다."

이 말을 들은 추장은 그 자리에서 이 청년에게 추장 자리를 넘겨주었다고 한다.

어느 마을에 닭 키우는 농부가 있었다. 이 농부는 매일 아침 알을 하나씩 낳는 닭을 보며 행복해했다. 그런데 어느 날 닭이 알을 두 개 낳았다. 농부는 크게 기뻐했다.

"이 닭은 특별해! 앞으로도 계속 두 개씩 낳겠지?"

그런데 다음 날, 닭은 평소처럼 알을 한 개만 낳았다. 농부는 실망하며 닭에게 화를 냈다.

"너 왜 다시 한 개만 낳는 거야? 어제처럼 두 개를 낳아야지!"

그날 이후 농부의 얼굴은 늘 화가 나 있었다. 며칠 동안 옆에서 보고 있던 이웃 농부가 웃으며 말했다.

"하루 두 개 낳는 건 우연한 일일 뿐이지. 하루 한 개씩만 꾸준히 낳아도 얼마나 큰 복인지 몰라? 자네는 알 하나하나에 너무 신경을 쓰느라 매일 모이는 알의 큰 가치를 못 보고 있어!"

한참을 생각하던 그 농부는 그제야 자기의 우매함을 깨달았다. 매일 꾸준히 얻는 소중한 결실을 보지 못하고 잠깐의 특별함에만 눈이 팔렸던 것이다. 우리는 삶을 살면서 너무 작은 것에 목숨을 걸고 있다.

우리의 삶은 작은 문제나 결점에 지나치게 집착하기보다 전체적인 맥락과 흐름을 보는 지혜가 필요하다. 나무만 바라보면 숲의 아름다움을 놓칠 수 있다. 때로는 한 걸음 물러서서 더 큰 그림을 봐야 올바른 판단과 진정한 성장을 이끌어 낼 수 있고 행복하게 살 수 있다.

솔개의 놀라운 의지

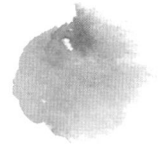

　제2차세계대전 때 독일에 '아우슈비츠'라는 유태인 강제 수용소가 있었다. 가스실에서 희생된 유태인 수가 400만 명에 이른다고 하니 그 처참함을 상상할 수 있다. 나치는 일단 유태인이 수용소에 끌려오면 건강한 사람은 혹독한 강제노동을 시키고 허약한 사람은 선별하여 가스실로 끌고 가서 학살했다. 그런데 이상한 일이 벌어졌다. 이 수용소에서 살아남은 생존자들은 체력과 체격이 좋은 사람이 아니었다. 최후의 생존자들은 살아남아야 할 이유, 살아야 할 분명한 목적을 뚜렷하게 가지고 있던 사람들이었다. 이 이야기는 우리에게 놀라운 사실을 전해 준다.
　바로 극한상황에서 생존의 열쇠가 되는 것은 체력과 체격이 아니라 '살아남아야 할 의지, 살아야 할 확실한 목적'이라는 사실이었다. 그러니까 고난 자체가 죽을 만큼 견디기 어려운 것이 아니라 아무런 의미와 까닭을 모른 채 견뎌야 한다는 사실이 죽음에 이르게 했던 것이다.

절망은 우리를 죽음에 이르게 하는 고질병이다. 인간은 영혼의 길을 잃으면 바이러스에 의해 죽는 것보다 훨씬 더 빨리 죽게 된다. 살아야 할 의미, 살아야 할 분명한 목적이 있을 때 비로소 우리는 사람답게 살 수 있다.

솔개 이야기에서 우리는 삶의 지혜를 배울 수 있다. 솔개는 조류 중에서 제일 장수하는 조류로 알려져 있다. 길게는 70년의 수명을 누리는 솔개가 있다고 한다. 솔개는 40여 년을 살면 부리가 무뎌져 사냥을 하지 못하게 되고 날개가 너무 자라 무거워서 잘 날 수가 없게 된다. 발톱도 노화하여 사냥감을 제대로 잡을 수도 없게 된다. 이때가 되면 솔개는 두 가지 중 한 가지를 선택해야 한다. 그대로 죽어 가든지 아니면 거의 1년여 동안의 매우 고통스러운 갱생의 과정을 인내하며 감수해야 한다.

갱생의 길을 선택한 솔개는 높은 바위산으로 올라가 둥지를 틀고 엄청나게 고통스러운 갱생의 과정을 시작한다. 먼저 무뎌지고 깨진 부리로 무려 수천 번 바위를 쪼아 못쓰게 된 부리를 빠지게 만들고, 단단한 새 부리가 나오도록 기다린다. 이 기간은 제대로 먹지도 못하는 죽음의 기간이다. 그런 과정을 거친 후 새 부리로 피눈물이 나는 과정을 참아 내며 발톱 하나하나를 뽑아낸다. 그리고 새 발톱이 나오면 그 부리와 발톱으로 깃털

하나하나를 뽑아내고 새 깃털이 자라기까지 인고의 시간을 기다린다. 이렇게 과정을 거친 솔개는 30여 년을 더 살게 된다는 이야기다.

장수하기를 희망하는 사람, 사업에 실패하고 좌절하며 환경을 비관하는 것으로 세월을 보내다가 생을 마감하려는 사람, 아우슈비츠의 유대인들과 솔개의 지혜를 배울 필요가 있지 않을까. 인생의 이모작 그리고 삼모작을 위해서 분명한 의미를 찾아 기꺼이 고난이지만 희망의 길을 택해야 되지 않을까?

모두에게 사랑받았던 이유

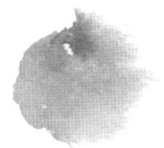

　남녀노소 관계없이 국민 오빠, 국민 아저씨로 통했던 방송인 송해가 2022년 6월에 향년 95세를 일기로 우리 곁을 떠났다. 〈전국노래자랑〉이란 프로그램을 별세하기 직전까지 무려 35년 동안 진행해 세계 기네스북에 단일 프로그램 최장 기간 진행자로 등재되었으며 우리에게 많은 삶의 본을 보여 준 인물이다.

　키 162센티미터, 몸무게 58킬로그램의 다소 왜소한 체격 조건에도 불구하고 한세상을 열심히 불꽃 같은 거인으로 살아온 송해의 생애에도 아픔이 많았다. 1997년 불의의 오토바이 사고로 23세 된 외아들을 잃는 슬픔을 겪었고 60세가 넘을 때까지 자기 집이 없어 셋집에 살았으며 구봉서, 서영춘, 배삼룡, 이주일 등 기라성 같은 동료 코미디언들의 빛에 가려 설 자리가 마땅히 없었다. 그랬던 그에게 1988년에 〈전국노래자랑〉 사회자로 발탁

되는 행운이 찾아왔다. 프로그램의 특성상 지방 출장이 많고 출연료도 적어 마땅한 지원자가 없었던 것이다. 그 이후 송해는 35년이란 긴 시간 동안 이 프로그램을 진행하면서 특유의 성실성과 주변 사람을 내 식구 같이 아끼는 인간애로 살아왔다.

잘되는 사람은 잘 되는 이유가 있고 안되는 사람은 안되는 이유가 있듯이 송해에게는 그만의 분명한 특징이 있었다. 35년 동안 〈전국노래자랑〉의 프로듀서가 200여 번 바뀌었다고 한다. 그런데 방송 개편 때마다 단 한 사람도 사회자 교체를 건의하지 않았다. 오히려 사회자 교체를 요구하는 방송국 고위 관계자의 의견에도 이 프로그램의 관계자들 전체가 반대하는 입장을 고수했다. 사회자인 송해를 교체하면 곧 프로그램의 질이 떨어진다는 것이 이유였다.

우연한 기회에 오랫동안 곁에서 그와 같이 일했던 사람에게서 일화를 들을 수가 있었다. 인생 후반기를 살아가는 우리에게 귀감이 될 만한 이야기 몇 가지를 소개하고자 한다.

첫 번째로 그 어른은 누구에게나 겸손했고 누구한테든지 반말을 한 적이 없다고 했다. 방송 1회 출연료가 5백만 원을 넘었고 연간 광고료, 행사비를 포함하면 연간 수입이 5억 원을 넘나들 정도가 돼도 송해는 자가용, 핸드폰, 매니저가 없었다고 했다. 그는 송해가 한 번도 짜증을 내거나 약속을 어기는 것을 보지 못했다고 덧붙여 말했다.

두 번째로 프로그램을 진행하는 동안 절대로 출연자에게 무안을 주지 않는 사회자로 안정을 받았다. 오히려 편안한 분위기를 만들어 주어서 실력을 마음껏 발휘할 수 있도록 도움을 주는 사회자로 정평이 났고 제작진들이나 후배들의 애경사를 일일이 챙겨 주는, 말 그대로 형님이고 부모 같은 사람이었다고 주위 사람들이 입을 모은다. 어려운 사람들이 있으면 그냥 지나치는 법이 없었고 아직 무명이라 어려운 후배들을 위해 주머니를 털어 일일이 보살핀 연예계의 의인이라고 전해진다.

그를 곁에서 본 사람들은 이구동성으로 그가 순탄하지만은 않은 삶에 순간순간 매사 최선을 다하는 모습을 보았으며 아무리 부족한 사람들에게도 그들을 탓하지 않고 도움이 되어 주고자 했던 그의 모습에 저절로 고개가 숙여진다고 전하며 그런 이가 어디서든지 존경을 받는 것은 당연한 일이라고 했다.

기내식 한 끼의 감동

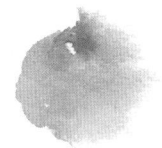

무엇이 사람을 사람답게 살게 하는 것일까? 우리나라 지성의 상징이었던 연세대학교 명예교수 김동길 교수가 94세를 일기로 2022년 우리 곁을 떠났다. 이 어른에 관련된 일화가 있다. 김동길 교수가 미국 국내선 비행기를 타고 여행 중이었는데 10여 명의 군인들과 동승했음을 알게 된다. 비행기를 타고 한 시간쯤 지나자 기내 방송으로 기내식을 5달러에 판매하고 있으니 신청하라는 안내가 나왔다. 김동길 교수는 지갑을 꺼내려다가 군인 한 명이 친구에게 하는 말을 듣게 되었다.

"하나에 5달러라니 너무 비싸다. 기지에 도착할 때까지 그냥 참고 가자!"

다른 군인들도 동의하면서 점심을 거르겠다고 했다. 김동길 교수는 슬며시 일어나 승무원에게 다가가서 50달러짜리 지폐를

한 장 건네주고 "저기 있는 군인들에게 모두 점심 세트를 하나씩 나눠 주세요!"라고 부탁했다.

잠시 뒤 군인들에게 점심 세트가 배달되었고, 선임병인 듯한 군인 한 사람이 다가와 정중하게 거수경례를 하며 감사를 표한 뒤 맛있게 점심 식사를 하기 시작했다. 얼마 후 승무원이 김동길 교수에게 다가와 1등석에서 무료로 제공되는 최고급 식사를 식탁 위에 놓아 주면서 이렇게 말했다.

"이것으로 손님께 감사의 뜻을 전합니다!"

김동길 교수가 점심을 먹고 화장실을 가려고 뒤쪽으로 걸어가는데 어떤 남자 손님이 길을 막았다.

"조금 전에 하신 일을 보았습니다. 저도 돕고 싶으니 이것을 받으시지요!"

그 남자는 김동길 교수에게 25달러를 쥐어 주었다.

얼마 후 그 비행기 기장이 좌석 번호를 확인하면서 김동길 교수 자리로 찾아왔다. 기장은 만면에 웃음을 지으며 손을 내밀었다.

"손님과 악수하고 싶습니다!"

기장이 손을 내밀며 큰 소리로 승객들에게 말했다.

"저도 전에는 군인으로 전투기 조종사였습니다. 오래전 어떤 신사 한 분이 저에게 점심을 사 주신 적이 있었는데, 그때 고마웠던 기억을 지금도 간직하고 있습니다."

기내에서 박수 소리가 터져 나왔다. 얼마 후 노신사 한 분이 승무원의 안내를 받아 김동길 교수의 자리로 와서 25달러를 건네고 자기 자리로 돌아갔다.

비행기가 도착지에 도착하고 김동길 교수가 짐을 찾고 있었는데 어떤 아주머니 한 분이 아무 말도 하지 않고 김동길 교수 양복 주머니에 무언가를 찔러 넣고 부지런히 가 버렸다. 확인해 보니 또 25달러였다. 모두 75달러였다. 김동길 교수는 아직 자리를 떠나지 않은 군인들에게 그 돈을 전부 건넸다.

"당신들 기지가 여기서도 멀리 떨어져 있다고 들었는데 가다가 이 돈으로 샌드위치라도 사 먹어요. 여러분의 건투를 기원합니다."

이렇게 김동길 교수와 10명의 군인들, 비행기에 동승했던 손님 모두가 행복한 마음으로 서로의 갈 길로 떠났다는 이야기다.

나이가 들며 젊음과 패기를 잃어 가지만 노화로 인한 그 상실 이면에는 중후함과 편안함이 있어야 한다. 세상을 살아온 연륜을 통해 터득하고 쌓은 지식과 지혜를 후손들에게 넘겨주어야 할 일이다. 우리는 지금 왜, 무엇을 향해 전력 질주하고 있는가?

세상의 셈법에서 벗어나기

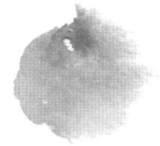

그 유명한 〈마지막 잎새〉를 쓴 미국의 단편소설 작가 오 헨리 O. Henry는 10년 남짓 작가 생활을 하면서 300여 편의 단편소설을 남겼다. 그의 작품 중에 〈크리스마스 선물〉이라는 이야기가 있다.

젊은 부부인 주인공 델라와 짐은 서로를 깊이 사랑하지만 너무 가난하게 시작한 결혼 생활이라 어려움을 겪는다. 어느 해 크리스마스를 맞아 델라와 짐은 서로 특별한 선물을 주고 싶었지만 둘 다 서로에게 선물을 할 수 있는 여건이 안 되었다. 고심 끝에 델라는 사랑하는 남편에게 줄 선물을 사기 위해 자기의 가장 소중한 자산인 오랫동안 길러 왔던 머리카락을 팔아 은으로 된 멋진 시곗줄을 샀다. 남편의 오래된 회중시계를 손목에 채워 주기 위해서였다. 반대로 짐은 회중시계를 팔아 델리의 아름다운 머리카락을 예쁘게 꾸며 줄 비싼 머리 장신구를 선물로 준비했다. 서로에게 줄 선물을 마련하기 위해 자기의 가장 소중한 것을 이미 팔아 버렸기 때문에 준비한 선물은 아무 필요가 없게 되었다. 그러나 그들이 보여 준 사랑과 희생은 물질적인 것보다 훨씬 더 값진 것임을 이 소설을 본 독자들이 깨우치게 된다. 이야기에서 작가는 사랑하는 사람을 위한 희생이야말로 진정한 선물이라는 메시지를 전달하며, 삶에서의 진정한 가치는 물질적인 것이 아니라 마음에 있다는 교훈을 주고자 했다.

다음은 우리나라에서 있었던 사랑 이야기다. 아주 열렬한 사랑을 나누던 어떤 젊은이 한 쌍이 주변 사람들의 축복 속에 결혼식을 올렸다. 그러나 꿈같던 행복도 잠시, 그들에게 커다란 불행이 닥친다. 그들이 감당하기 힘든 너무나 큰 불행이었다. 그들이 살던 자그마한 집에 그만 불이 나고 만 것이다.

그 화재로 아내는 눈에 큰 부상을 당해 결국 실명하고 말았다. 모든 것을 잃어버리지는 않았지만 그들에게는 어쩌면 가장 소중한 것을 잃어버린 셈이 되었는지도 몰랐다. 그 후로 남편은 잠시도 아내 곁을 떠나지 않았다. 아내는 앞을 볼 수 없었기 때문에 혼자 몸을 움직이는 것도 쉽지 않았다. 남편은 곁에서 열심히 아내를 도와주었다. 처음엔 아내가 짜증도 많이 내고 화도 내었지만 남편은 묵묵히 그 모든 것을 받아 주었다. 남편은 불 속에서 아내를 구해 내지 못한 것이 늘 가슴이 아프고 미안했다.

시간은 흘러 아내는 남편의 도움 없이도 주위를 걸어 다닐 만큼 적응하게 되었다. 그제야 아내는 남편의 사랑을 조금씩 이해하게 된다. 자신을 위해 모든 것을 바쳐서 자기 인생의 목발이 되어 주고 있음을 알게 된 것이다. 그런 이후로 아내가 화를 내거나 짜증을 부리는 횟수가 줄어들었다. 부부가 노년에 접어들었을 때, 어느 날 아내는 이런 말을 했다.

"내가 빛을 보지 못한 지 수십 년이 되었지만 죽기 전에 마지막으로 당신의 얼굴을 한 번만이라도 보고 싶군요. 난 아직도 당신이 웃음을 짓는 그 맑은 얼굴을 기억하고 있거든요."

남편은 아무 말도 하지 못했다. 아내가 세상을 볼 수 있는 길은 누군가의 눈을 이식받는 것뿐이었다. 그러나 그 방법은 쉽지 않았다. 아무도 세상을 살아갈 날이 얼마 남지 않은 사람에게 각막을 이식해 주려고 하지 않았기 때문이다.

얼마 후 이 부부에게 또 다른 시련이 닥쳐왔다. 남편이 갑자기 각혈을 해 응급실에 갔는데 이것저것 검사하던 의사로부터 청천벽력 같은 말을 듣게 된다. 남편이 희귀암 말기로 시한부 선고를 받은 것이다. 아내는 자신이 세상의 빛을 잃었을 때보다 더 좌절하고 슬퍼했다. 그러나 남편은 담담하게 오히려 아내를 위로하고 결심을 했다. 그렇게 세상의 빛을 보기를 염원했던 아내에게 마지막 선물을 주고 떠나기로 한 것이었다.

남편은 얼마 후 하늘나라로 떠났고, 아내는 남편의 유언에 따라 각막을 이식받아 다시 세상을 보게 되었다. 기뻐할 틈도 없이 그녀는 남편이 쓴 편지 한 장을 보게 된다.

사실 남편은 화재 때 얼굴 전체에 큰 화상을 입었으며, 그래서 더 미리 빛을 보게 해 줄 수 없었다는 내용이었다. 아내는 눈이 와서 하얗게 변해 버린 세상을 보면서 중얼거렸다.

"난 알았어요! 당신의 얼굴이 화상으로 흉측하게 변해 버렸다는 것을! 그리고 그 화상으로 인해서 예전에 나에게 보여 주었던 그 미소를 지어 줄 수 없다는 것도…. 곁에서 잠을 자는 당신의 얼굴을 더듬어 보고 알았지요. 그런데 미안해할 필요 없어요. 나는 당신의 마음을 이해하니까요. 참 좋군요! 당신의 눈으로 바라보는 이 아름다운 세상이…."

누가 내 얼굴에 침을 뱉으면

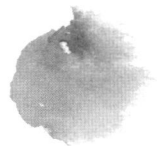

중국의 당나라 시대에 누사덕이라는 장수가 있었는데 마음이 어질고 성격이 곧기로 소문이 난 사람이었다. 성품이 따뜻하고 아무리 화가 나는 일이 있어도 좀처럼 마음의 평정심을 잃지 않는 청렴한 관리였다. 그의 아우도 그의 영향을 받아 공부도 많이 했고 총명하여 일찍 높은 관직에 올랐다. 어느 날 누사덕은 아우가 새로운 임지로 떠나기 전 조용히 불렀다.

"우리 형제가 함께 출세하고 황제의 총애와 영광이 극에 이르러 다른 사람들에게 시샘을 받을 일이 훤한데, 아우가 어떻게 처신할지 심히 염려되네!"

아우는 이렇게 대답했다.

"형님! 저는 남이 내 얼굴에 침을 뱉더라도 화를 내지 않고 바로 닦겠습니다."

동생의 자신 있는 대답에 누사덕은 동생에게 조용히 타이른다.

"내가 염려하는 것이 바로 그것일세. 침 같은 것은 금방 닦지 않아도 그냥 두면 자연히 마를 거야. 그 자리에서 침을 닦으면 상대방이 더 화를 낼 것이니 닦지 말고 그냥 내버려 두게나."

이것이 타면자건唾面自乾이라는 고사성어의 유래다. 아주 오래된 고사지만 별것도 아닌 작은 것에도 불같이 화를 내거나 성질이 급해 일을 망치는 사람들에게 귀감이 될 만한 이야기다.

세상을 살아가면서 크고 작은 상처를 받지 않는 사람은 없다. 그런데 어떠한 상황을 어떻게 받아들이느냐에 따라서 사람의 됨됨이를 평가한다. 포용과 인내라는 것은 말처럼 쉬운 일이 아니다. 웬만한 자기 성찰이 밑바탕에 깔려 있지 않으면 불가능한 일이기 때문이다. 우리는 늘 자기관리를 게을리해서는 안 된다. 그것이 마음공부다.

사람들은 기르던 닭이나 개를 잃어버리면 어떻게 해서라도 그것을 찾으려 하면서도 잊어버린 자기 마음은 찾을 줄 모른다. 마음공부를 한다는 것은 다른 데 뜻이 있는 게 아니라 잊어버린 나의 마음을 찾는 데 있다. 마음공부는 나의 가치를 높이고 내 삶을 더욱 풍요하게 만드는 진정한 자유인이 되게 하기 위해 꼭 필요하다.

포용과 인내, 배려는 누구한테든지 따뜻함과 사랑으로 전해진다. 의인의 모습은 세 번 바뀐다고 한다. 멀리서 보면 위엄이 있고 가까이서 보면 온화하고 그 말은 엄정하다. 세상에서 가장 강한 사람은 스스로 통제할 수 있는 사람이다.

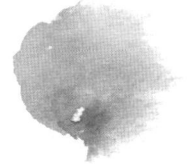

어느 왕의 사랑 이야기

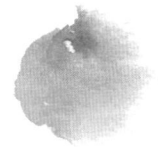

아주 먼 옛날 어느 강력한 힘을 가지고 나라를 다스리는 왕국의 왕이 있었다. 이 왕의 권위는 하늘을 나는 새도 떨어뜨릴 수 있을 정도로 강력했다. 그 왕은 무한한 권력과 부를 가졌지만 마음 한구석은 늘 공허했다.

어느 날 왕은 평민의 옷을 입고 왕궁을 잠시 나와 백성들의 사는 모습을 돌아보던 중에 시골의 한 작은 마을에서 몹시 가난하지만 마음이 따뜻하고 밝고 순수한 여인을 우연히 만나게 된다. 그녀의 소박한 웃음과 친절한 언행은 금방 왕의 마음을 사로잡게 되고 어려운 환경 속에서도 마을 사람들을 돕는 모습과 희망을 잃지 않는 당당한 모습은 다시 궁궐로 돌아온 왕의 머릿속을 떠나지 않는다.

왕은 오랜 망설임 끝에 신하들에게 사실을 말하게 된다. 어떤 신하는 왕권으로 그 여인을 불러들이라고도 했고, 또 어떤 신하는 금은보화와 귀족의 신분을 하사해 여인의 마음을 사로잡으라고도 했다.

점점 그 여인이 그리워 애를 태우던 왕은 당장이라도 찾아가서 만나고 싶었지만 자신이 왕이라는 사실이 그녀를 부담스럽게 만들 것을 걱정했다. 며칠 동안 고민하던 왕은 결단을 내린다. 그는 평범한 농부의 옷으로 변장을 하고 그녀를 자연스럽게 찾아가 자신을 그저 한낱 나그네라고 소개하고, 그 동네에서 한동안 생활하며 함께 시간을 보낸다. 그러는 과정에서 왕은 그녀의 순수함과 따뜻함에 더욱 빠져들었고, 여인 역시 왕의 진실함에 점점 마음의 문을 열기 시작했다.

그러나 시간이 지나면서 왕은 고민에 빠지게 된다. 자신의 신분을 밝히고 그녀를 왕궁으로 데려가면 사랑하는 여인의 자유를 빼앗게 될까 걱정이 되었다. 설사 그 여인이 자신을 사랑하게 된다 해도 그것이 왕의 권력 때문이라면 진정한 사랑이 아닐까 두렵기도 했다.

고민하던 왕은 중대한 결정을 내린다. 그는 왕위를 버리고 모든 권력과 부를 내려놓은 채 그녀와의 행복한 삶을 택하기로 결심한 것이다. 참으로 어려운 결정이었다. 왕궁의 신하들과 백성들이 모두 만류했지만 왕은 단호했다. 왕은 그런 결정이 참사랑의 진정한 의미라고 믿었던 것이었다.

왕은 자신의 결정에 따라 시골 마을로 돌아가 그녀와 작은 집을 짓고 평범한 농부로 살아간다. 두 사람은 부족함 속에서도 서로를 끔찍하게 위하고 서로를 의지하며 행복을 더해 가게 된다. 마을 사람들과 백성들은 그들의 사랑을 통해 진정한 사랑의 의미를 배우게 되었다는 이야기다. 이들의 사랑 이야기는 오랜 세월이 지나도 전설로 남아 있다.

정말 핑계가 아닌가요?

웃자고 만들어 낸 이야기겠지만 의미가 있어 가끔 생각나는 이야기가 있다. 어느 날 사냥꾼이 잘 훈련된 사냥개 한 마리를 데리고 산속으로 사냥을 하러 갔다. 사냥감을 찾던 사냥꾼이 어렵게 노루 한 마리를 발견했다. 신중하게 조준을 한 사냥꾼은 노루의 뒷다리에 총알을 명중시켰다. 심각한 부상을 당한 노루는 죽을힘을 다해 달아나기 시작했다. 용맹스러운 사냥개가 노루를 잡기 위해 뛰기 시작했다. 하늘이 도왔는지 피를 흘리고 이리 뛰고 저리 뛰던 노루는 기적적으로 사냥개를 따돌리는 데 성공했다. 노루를 놓친 사냥개는 화가 나서 씩씩거리며 사냥꾼 곁으로 돌아올 수밖에 없었다.

"멍청한 녀석 같으니! 상처 입고 제대로 뛰지도 못하는 노루 한 마리도 잡지 못하는 한심한 놈! 네가 무슨 사냥개냐? 이제는 네가 사냥에서 더 이상 필요 없게 되었다."

사냥개는 잔뜩 주눅이 든 채 중얼거렸다.

"나는 최선을 다했다고요! 노루가 워낙 빠르고 숲도 너무 우거져 어쩔 수가 없었어요."

한편 총에 맞아 죽었을 것이라 생각했던 노루가 기적적으로 살아 돌아오자 노루의 주변에 온 동네 노루들이 다 몰려들었다.

"그 사냥개는 날쌔고 용맹스럽기로 온 숲속에 이름이 나 있는데 이렇게 큰 부상을 당하고도 어떻게 살아 돌아온 거야? 정말 기적이다. 기적이고말고! 우리의 영웅이다!"

노루는 이렇게 대답했다.

"그 사냥개는 나를 잡지 못하면 주인한테 혼나고 말겠지만 나는 죽기 아니면 살기로 뛰지 않으면 목숨을 잃는 거잖아!"

공자는 조카 공멸과 제자 자천을 3년 동안 똑같이 공부시켜 세상에 내보냈다. 어느 날 공자는 이 두 사람이 어떻게 지내고 있는지 궁금하여 관가에서 공무를 보고 있는 두 사람을 찾아가 똑같은 질문을 했다.

"네가 세상에 내려와 나랏일을 하면서 얻은 것은 무엇이고 잃은 것은 무엇이더냐?"

조카 공멸은 이렇게 말한다.

"최선을 다했지만 얻은 것은 하나도 없고, 잃은 것만 세 가지입니다. 첫 번째로 일이 너무 많아 시간이 부족해 공부를 못 했고 두 번째로 보수가 적어 부모와 친척을 대접하지 못했고 세 번째로 공무가 바쁘다 보니 친구를 잃었습니다."

같은 질문에 자천은 이렇게 답했다.

"세상에 내려와 죽기 살기로 배움을 실천했더니 잃은 것은 하나도 없고 세 가지를 얻었습니다. 첫 번째로 배운 것을 실천해 보니 배운 내용의 의미를 더욱 확실하게 깨달았고, 두 번째로 보수를 아껴 부모와 친척을 대접하니 그들과 더욱 친숙하게 되었고, 세 번째로 공무의 여가에 친구들과 열심히 교제하여 우애가 더욱 돈독해졌습니다."

참으로 어리석은 사람

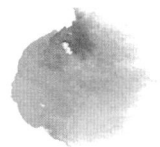

러시아의 대문호 톨스토이Tolstoy의 단편집에 이런 이야기가 나온다. 아주 가난한 농부인 주인공 바흠이 살고 있었다. 그 농부는 남들처럼 자기 땅에서 농사를 지어 보는 것이 꿈이었다. 어느 날 바흠은 뜻밖의 소식을 들었다. 땅이 아주 많은 어떤 유목민 족장이 원하는 사람에게 무상으로 농지를 나누어 준다는 것이었다. 바흠은 그 족장을 찾아가서 사실이냐고 물었다. 그리고 얼마만큼의 농지를 주느냐고 물었더니 족장이 바흠에게 어느 정도를 원하는지 되물었다.

바흠은 아주 많은 땅을 원 없이 소유하고 싶었다. 그래서 그는 아침 해가 떠오를 때부터 해가 지기 전까지 달려서 돌아오는 땅을 차지하고 싶다고 제안했다. 족장의 승낙을 받은 바흠은 다음 날 아침 해가 떠오르기 직전, 언덕 위에서 다시 만나기로 약속하고 돌아왔다.

그날 밤 바흠은 내일이면 자기도 지주가 된 것을 생각하면서 만반의 준비를 갖추었다. 족장의 마음이 변할 것에 대비하여 계약서도 준비했다. 다녀간 땅을 표시하기 위해 커다란 괭이까지 준비해 놓았다. 꿈에도 그리던 넓은 땅의 주인이 된다는 생각에 너무 기뻐 잠을 잘 수 없었고, 아침 식사도 제대로 하지 못했다. 바흠은 해가 뜨기 오래전부터 약속한 언덕 위에 올라가 해 뜨는 시간과 족장이 오기를 기다렸다. 해가 뜰 무렵 드디어 족장이 나타났다.

"해가 산 위에 보이게 되면 저는 달리기 시작할 겁니다."

바흠의 말에 족장이 대답했다.

"해가 지기 전에 꼭 돌아와야 하네, 약속을 어기면 자네는 아무것도 차지할 수 없을 테니까."

바흠은 이내 뛰기 시작했다. 멀리까지 달렸지만 좀처럼 돌아설 생각이 없었다. 농토는 비옥했고 한 발자국이라도 더 넓혀야 했기 때문이었다. 점심때가 되었다. 바흠은 달리면서 끼니를 대충 때웠다. 나중에는 더 빨리 뛰느라 물통도 던져 버렸다. 조금이라도 땅을 더 많이 갖고 싶었다.

오후가 되었다. 바흠은 해가 지기 전에 약속한 언덕까지 도달하기 어려울 것 같아 걱정스러웠다. 마지막에는 있는 힘을 다해서 뛰고 또 뛰었다. 언덕 밑에 도달했을 때는 해가 서산에 반쯤 걸려 있었다. 죽을힘을 다해 언덕에 도착한 바흠은 아직 해가 지지 않았다는 말을 남기고 기진맥진해서 그대로 쓰러지고 말았다. 그 모습을 본 족장은 좀 쉬도록 두어야겠다고 생각하면서 주변을 거닐었다.

얼마간의 시간이 흐른 후 지금쯤 바흠이 일어났을 거라고 짐작한 족장은 그 자리에 엎드려 있는 바흠을 흔들면서 "이 사람아 이제는 일어나야지."라고 말했지만 바흠은 움직이지 않았다.

족장은 바흠의 어깨를 젖히면서 "지금까지 돌아온 땅은 다 자네 것이 되었으니 빨리 일어나게."라고 재촉했으나 꿈쩍도 하지 않았다. 이상하게 생각한 족장이 자세히 살펴보았는데 바흠은 피를 토하고 이미 숨을 거둔 뒤였다. 족장은 하인에게 바흠을 묻어 주라고 지시했다. 그리고 곧 어둠이 찾아들었다.

"이 사람아! 6피트(약 1.8미터) 땅이면 족하지 않았는가! 그 6피트의 땅은 누구나 갖도록 되어 있는데 공연히 고생만 하고 인생을 끝냈구먼!"

족장은 이런 말을 남기고는 사람들을 데리고 쓸쓸히 언덕을 내려갔다. 학창 시절 이 이야기를 읽었을 때 바흠이 참 어리석은 농부라고만 생각했었다. 그런데 세월이 지나 다시 떠올려 보니 주변에 꽤 많은 사람들이 바흠과 같이 살고 있다는 사실을 알게 되었다. 혹시 내가 그렇게 살고 있지는 않았나 돌아보게 된다.

만 리를 가는 사람의 향기

우리는 태어나서 죽을 때까지 좋든 싫든 공부를 해야 한다. 늙어 가면서 무슨 공부냐고 반문할지 모르지만, 늙어서의 공부는 남에게 인정받고 남에게 보이기 위해서가 아니라 자기 자신을 위해 필요하다. 세상을 살아 보니 꾸준히 공부하며 생각하고 절제하며 사는 사람과 아무 준비 없이 그때그때 생각나는 대로 사는 사람의 차이는 가정과 사회적인 위치, 인품에서 나타나는 것을 볼 수 있었다.

나이가 들수록 모든 면에서 성과가 줄어드는 이유는 나이 자체 때문이 아니라 나이가 들수록 노력을 하지 않거나 훨씬 덜 하기 때문이다. 공부를 한다는 것은 우리의 내면을 단단하게 하는 것이고 마음을 갈고 닦으며 삶에서 가장 가치 있는 것을 손에 넣으려 노력하는 행위다. 특히 노년기의 공부는 본인의 가치를 높이고 본인의 삶을 더욱 풍요롭게 한다. 아울러 어느 상황에서도 진정한 자유인이 되게 한다.

공자는 "위인지학爲人之學, 위기지학爲己之學"이라는 말로 제자들은 물론 후학들에게 큰 가르침을 주었다. 위인지학은 타인에게 보여 주고 인정받기 위한 공부를 말한다. 일반적인 평가와 시험 등이 여기에 속한다고 할 수 있겠다. 좋은 성적이 나올수록 좋은 상급학교에서 공부할 수 있고 직장에서 승진을 한다. 이에 반해 위기지학은 자기 자신을 위한 공부다. 자기 자신을 위한다는 것은 자기 욕망을 절제할 줄 알고 남이 보지 않는다고 함부로 행동하는 것이 아니라 스스로 삼가고 사리를 분별할 줄 아는 공부다. 인품을 갖추기 위한 공부라 할 수 있다.

특별히 노년기에 들어 타인으로부터 무시당하지 않고 존중을 받을 때, 무언가를 배워서 성장했다는 느낌이 충만할 때, 열등감에 시달리지 않고 무슨 일이든 잘해 낼 때, 그리고 자기 삶을 주도적으로 살고 있을 때 행복을 경험한다. 노년기의 행복, 즉 존중, 성장, 유능, 지지, 자유와 같은 내면의 요구를 충족하려면 배움이 중요하다. 꾸준한 학습을 통해 인지 기능을 유지하고 자아를 발견하고 성취감을 얻을 수 있다. 또한 가족과의 소통이 원활해지고 새로 맞이하는 사회에 긍정적으로 참여할 기회도 생긴다. 노년기의 학습은 정신적, 신체적 건강 유지에 도움이 된다. 나이는 배움에 있어 한계가 되지 않으며 오히려 삶의 깊이를 더해 준다.

나이가 들수록 어른으로서의 품격이 있어야 한다. 꽃의 향기는 백百 리를 가고, 말의 향기는 천千 리를 가며 어질고 현명한 사람의 향기는 만萬 리를 가고도 남는다고 했다. 이것을 인향만리人香萬里라 한다.

만나면 좋고, 함께 있으면 더 좋고, 헤어지면 보고 싶고, 누구에게나 그리운 사람으로 산다면 성공적인 삶을 산 사람이라 할 수 있겠다. 나이가 들수록 넉넉한 마음과 성품이 진한 인향人香이 풍기는 사람이 되어야 한다.

경기장에 뛰어들기

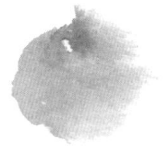

'심심한데 하나 따 볼까?' 하고 취득한 자격증은 100% 활용하지 못한다. 이른바 '장롱면허'로 전락할 확률이 높다는 이야기다. 그동안 주변에서 퇴직을 앞두고 여러 가지 준비하는 사람들을 봐 왔는데 그중에서도 자격증을 취득하는 사람들이 비교적 많았다. 보통 두 부류가 있는데, 한 부류는 퇴직 후에 아니면 진로를 바꾸기 위해 분야를 잘 선택해서 열심히 준비하는 사람들이 있었고, 또 한 부류는 남들이 좋다고 하니까 보험 하나 들어 둔다는 생각으로 대충 시간을 때우며 자격증을 따 두는 사람들이었다. 한 번 돈을 내고 민간 자격증을 한꺼번에 서너 개씩 따는 사람도 보았다.

나는 자격증을 취득하려는 의지가 확고했다. 나는 인생 전반기 동안 여기저기서 혜택을 받았다. 부모님의 무조건적인 사랑

아래 성장했고, 사회에 진출하기 전까지 학교라는 울타리 안에서 선생님들의 헌신적인 가르침의 혜택을 받으며 철이 들었고, 교육을 잘 받았으며 사회로부터 규범과 의무를 배웠다. 또 결혼하고 나서는 아내의 헌신적인 지원을 받으며 살고 있으며 자녀들이 성장하는 과정에서 행복이 무엇인지를 알게 되었다. 따지고 보면 모두가 혜택과 지원을 받은 것뿐이지 내 것을 내어 주고 살아 본 시간은 아주 짧았다. 내내 빚진 자로서의 삶을 살아왔다.

인생의 후반기에는 '받는 삶'이 아닌 '주는 삶'을 살아야 한다는 생각을 늘 해 왔다. 여러 가지 방법이 있겠지만 직접 현장에서 땀을 흘리는 것이 더 큰 의미가 있겠다는 생각으로 하고 싶은 분야의 공부를 더 하기로 했다.

50대 초반에 시작한 사회복지학 공부와 자격증 취득은 5년 동안의 현장 자원봉사와 병행했다. 지역의 장애인 복지관에서의 사회복지사 현장 실습으로 시작해 장애인과 노인복지 분야에서 봉사자로 활동하는 동안 업무와 관련된 실무자들과의 모임에도 참여했고 정보도 얻을 수 있었다. 이때 전문성을 가진 새로운 사람들과의 인연을 맺었고 그들에게 이후에 내가 노인복지 분야에서 15년 이상을 현장 실무자로 일하는 데 큰 도움을 받았다.

운동경기에서 승리를 거두려면 운동장 안으로 들어가 경기를 직접 치러야 한다. 운동장 안으로 들어가지 않고 밖에서 소리만 지른다면 결국 본인이 승리하지 못하는 것이다. 머릿속으로 분석만 하고 있으면 아무것도 할 수 없다. 경기장 밖에 있으면 현실은 모른 채 이론만 따지며 비평만 일삼게 된다.

인생의 전반기를 준비하는 데는 허락된 시간이 많고 선택의 폭도 넓다. 하지만 인생의 후반기를 준비하는 데는 시간도 많지 않고 선택의 폭도 좁을 수밖에 없다. 계획을 세우는 단계부터 철저하지 않으면 시간만 허비하고 후회하는 일만 남을 수 있다. 내가 좋아하는 일인지, 나와 맞는 일인지, 이룰 수 있는 일인지를 충분히 고민하고, 그 분야에서 활동하기를 원한다면 미리 그 안에 들어가서 그쪽 분야의 사람들과 꼭 교류하기를 권한다. 자기가 몸담고 싶은 분야에서 틈틈이 자원봉사자로 활동하는 것과 아르바이트를 하는 것도 괜찮은 방법이다.

어떤 분야에서든지 자기 역할을 하기까지는 어느 정도의 활동 기간이 필요하다고 생각한다. 평생을 그 분야에서 활동한 사람들과 경쟁을 한다는 것이 결코 쉬운 일은 아니다. 나는 사회복지사를 준비하면서 각 대학에서 운영하는 평생 교육원의 분야별 강좌를 듣고 관련 분야의 단체에서 주관하는 강연회 등에 많이 참석했다. 그것이 내 인생의 후반기에 새로 시작한 노인복지 분야 활동에 많은 도움이 되었다.

7부 　어제보다 세련된 오늘

초고령 사회 속 각자의 몫

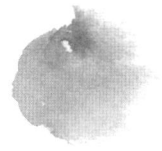

　스위스는 국민소득 9만 달러가 넘는 세계 4위의 부자 나라다. 2016년 이 나라 정부에서 성인들에게 우리 돈으로 매월 300만 원 가까이 되는 돈을 지급하고 미성년자들에겐 모두 78만 원씩을 지급하겠다는 정책을 발표하고 전 국민에게 투표로 찬반을 물었다. 그런데 국민들의 77%가 반대로 부결시켜 전 세계 사람들에게 주목을 받은 적이 있다.
　세계 역사에서 나라가 망하는 과정을 살펴보면, 정권을 유지하기 위해 앞뒤 가리지 않고 무조건 퍼주는 대책 없는 정책을 펼쳐 국민을 우민화하다가 좋지 않은 최후를 맞이한 사례를 적지 않게 볼 수 있다. "공짜로 주는 빵은 먹지 않겠다."라고 단호하게 거절할 수 있는 그 나라의 국민성이 참으로 부럽다.
　몇 해 전 일본 고베로 연수를 간 적이 있었다. 노인복지 시설을 견학하고 체험해 보는 과정이었는데 그때 안내하던 시설장의 말이 지금도 귓전을 맴돈다. 그들이 사회적 약자를 대하는 사고방식과 사회적 약자의 의식구조가 우리와는 많이 달랐다.

고베시는 노인과 장애인 복지에 민간기업체도 적극적으로 참여할 수 있도록 했다. 지자체에서 노인이나 장애인에게 복지 카드를 만들어 주고, 한 달 동안 사용한 교통비는 A라는 회사에서, 영화 연극 등 문화비는 B라는 회사에서, 식대는 C라는 회사에서 대금을 지원한다. 그런데 중요한 것은 노인과 장애인들이 그 카드를 거의 사용하지 않는다는 것이었다. 그래서 A, B, C사의 직원들이 노인과 장애인을 찾아가 아무 부담 없이 카드를 사용해 달라고 홍보를 한다는 말을 들었을 때까지만 해도 어리석었던 나는 참 이상하다고 생각했다.

그런데 그 이유를 듣고 보니 그 나라 사람들은 노인이나 장애인들 대부분은 "우리가 현재 분명히 국가나 지자체로부터 체계화된 시스템을 통해 지원을 받고 있고, 또 우리도 스스로 해결할 수 있는데 왜 민간기업체에게 우리가 필요 이상의 도움을 받느냐"고 반문한다는 것이다. 일본 사람들은 선천적으로 남에게 도움받는 것을 아주 싫어한다고 했다. 가정과 학교, 사회에서도 철저하게 그러한 기본적인 교육을 하다 보니 이제는 그 사람들의 문화가 된 것이라는 이야기를 들었다.

나는 노인복지의 현장에 있을 때 국가나 지자체가 무엇을 해 주기를 바라기 전에 우리가 먼저 지역사회를 위해 무엇을 먼저 할 것인가를 고민하고 노인들이 할 수 있는 일을 찾아야 한다고 여러 가지 방법으로 어르신들을 설득했다.

경로당에서 어르신들이 털실로 주방용 수세미를 만들어 아파트의 가정마다 몇 개씩 포장해서 선물했던 일, 경로당에서 몇 시간 동안 아이들 돌봐 주는 일, 경로당 회원들이 어렵게 사는 독거노인들에게 매달 생필품을 자체 회비로 구입하여 지원하는 '노노 지원사업'을 10여 년간 운영했던 일, 경로당 주변 텃밭에 지역 유치원 어린이들의 체험 학습장을 만들고 경로당 할머니들이 직접 어린이들 손톱에 봉숭아 물을 들여 주던 일, 텃밭을 가꾸어서 상추 등 여름 채소를 주변 경로당에 나누어 드린 일 등은 의미가 있었고, 같이 참여한 실무자로서의 행복감을 누릴 수 있었다.

2024년 기준으로 우리나라의 노인 인구가 1,000만 명을 돌파했다. 전체 인구의 20%가 노인인 초고령 사회에 들어선 것이다. 노년층도 사회의 한 일원으로 지역사회에서 또 가정에서 어떤 역할을 해야 할 것인가를 고민하고 그 일에 앞장서면 참 좋겠다는 생각을 해 본다.

노년의 존재감 뽐내기

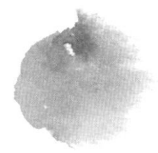

　노인 상담 기법에는 10여 가지가 있는데 나는 그동안 현장에서 '지지 상담'을 가장 많이 사용해 왔다. 며칠 전 경로당에서 교육을 하고 있었는데 91세 된 할머니 회원 한 분이 슬며시 일어나 나가셨다. 급한 일이 있으신가 대수롭지 않게 생각하고 교육을 마치고 회원들과 점심 식사를 같이하게 되었다.

　식사가 끝나가는데도 오시지 않아 무슨 일인가 은근히 걱정이 되었다. 경로당에서 나와 차로 가는데, 차 앞에서 할머니 회원이 큼직한 비닐 봉투에 투박하게 싼 시금치, 대파가 가득 들어 있는 짐을 놓고 나를 기다리고 계셨다.

　"부장님! 별것 아니지만 이거 내가 부장님 드리려고 지금 텃밭에서 뽑아온 것이니 집에 가서 식구들하고 맛있게 드셔. 알았지? 변변하지 못한 것이라 흉보지 말고."

할머니 회원의 작지만 바위처럼 커다란 사랑이 차를 타고 돌아오는 내내 나의 가슴 속 저 깊은 곳에서 뜨거운 눈물로 우러나왔다. 몇 년 전에 고관절 수술 후유증과 치매를 앓으시다가 가슴 속에 있던 말들을 다 하지 못하신 채 돌아가신 어머니의 마음을 느끼는 것 같아 더욱 감동이 되었던 것 같았다.

할머니 회원과의 인연은 몇 년 전 어느 무더운 여름날 할머니가 직접 가꾸시는 성주산 자락의 텃밭 둑에 앉아 나누던 이야기로부터 시작이었다.

"젊어서부터 혼자 힘으로 안 해 본 것 없이 갖은 고생을 했어! 암울하기만 했던 세월 속에 자식들을 키우다 보니 서러움이란 서러움은 다 겪었지! 아무도 도와주는 사람이 없었어! 아니 기댈 언덕이 전혀 없었어. 참으로 모진 삶이었지!"

듣는 내내 나는 뭐라고 따로 할 말이 없었다.

"아! 그래요, 정말요, 세상에 어떻게 그런 일이! 대단하시네요. 얼마나 힘드셨어요!"

한 시간여 동안 그냥 그렇게 같이 울고 같이 웃었던 것이 전부였다. 그렇게 키웠던 자식들이 모두 대학을 졸업하고 대학 교수로, 사업가로 성장했다는 결론에서는 그냥 신나는 박수를 쳤다. 그해 할머니 회원이 텃밭에서 경작한 상추, 쑥갓, 열무를 비닐에 포장하여 봉고차에 싣고 근처에 있는 경로당 몇 군데에 모시고 다니면서 선물을 하기로 했다.

"이 어르신께서 직접 손수 가꾸신 채소를 여러분들과 같이 나누려고 오셨습니다. 모두 힘찬 박수로 격려해 주시면 감사하겠습니다."

이 방법이 어른의 인정받고 싶은 요구를 충족해 주리라고 생각했다. 그런 일이 있고 난 얼마 후 할머니 회원을 다시 만났다.

"부장님 덕분에 길에서 동네 사람들이 나를 알아봐! 만나면 채소를 준 할머니라고 반갑게 인사를 해! 부장님! 내 편 돼 줘서 고마워! 부장님이 내 큰아들이나 다름없어!"

투박한 채소 봉투를 들고 차 앞에서 변변치 못한 나를 한참 동안 기다리며 환하게 웃으시던 그 모습은 누구의 어머니가 따로 없었다. 바로 나의 어머니였다.

잘 노는 법

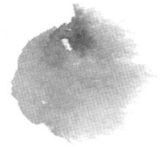

나이가 들면서 남는 시간이 많아진다. 할 일이 없어 고통스러워하기도 한다. 여가란 필수적인 가사 활동이나 직업상의 일 등 식사, 수면, 출근, 숙제 등의 의무적인 활동 외에 소비하는 자유로운 시간을 뜻한다. 우리는 보통 휴식이나 기분 전환, 이완과 같은 소극적인 행위로 여가를 이해하기도 한다. 그동안 우리나라의 사회, 경제는 전 세계가 놀랄 만큼 발전했다. 산업사회를 거쳐 지식 정보사회로 나아가는 동안 기술과 인권이 중요 과제로 부각됨에 따라 노동 계층의 여유 시간이 획기적으로 증가한 이후 관심을 갖게 된 것이 '여가'라는 개념이다.

여가는 다시 말해 '노는 것'이다. 우리는 그 어디서도 '잘 노는 것이 무엇인가'를 배워 본 적이 없다. 그래서 잘 놀 줄을 모른다. 기껏해야 술을 마시고 정신없이 떠들며 내면의 즐거움이 아닌 순간적인 쾌락만을 추구하는 행동을 잘 노는 것으로 잘못 생각하고 사는 사람들이 많다. 우리는 그동안 오로지 최선을 다하고 남과 경쟁에서 이기는 교육만 해 왔다. 남보다 더 높은 자리에 있고 남보다 더 많이 알고 남보다 더 가지고 있으면 그것을 행복이라 하고, 성공한 인생이라고 말해 왔다.

우리나라 사람들이 잘 놀지 못한다는 것을 독일에서 공부하고 돌아와 명지대학원 교수를 지낸 문화심리학자인 김정운 교수가 '개미 콤플렉스와 독수리 5형제 증후군'이란 재미있는 예를 들어 설명했다. 그동안의 우리나라 문화는 잘살아 본 적이 거의 없었기 때문에 근면 성실이 미덕이었다. 오로지 앞만 보고 달리는 것만이 잘하는 것이라고 했다. 그것만이 행복으로 가는 길이라고 가르쳤다. 그러다 보니 우리나라 사람들은 무슨 일이든 안 하고 있으면 불안해한다. 직장인들은 놀아도 직장 근처에서 노는 것이 마음이 더 편하다. 어디 가서도 마음껏 놀지 못한다. 아니, 노는 방법을 모른다. 쉬는 날도 컴퓨터 앞에 앉아 있어야 마음이 편하고 책을 읽어도 자기계발서만 보아야 마음이 편하다. 관심 분야의 책보다는 성공하는 법, 이기는 방법, 참고 견디는 방법들을 가르치려는 책들이 대형 서점의 베스트셀러를 늘 차지하고 있는 것이 우리 사회의 안타까운 현실이다. 이것이 김정운 교수가 이야기하는 '개미 콤플렉스'라는 것이다.

'독수리 5형제 증후군'이란 어디서든지 무언가 대단한 일을 하지 않으면, 자기가 중심이 되지 않으면 인생의 의미가 없다고 느끼는 것을 가리킨다. 김정운 교수의 주장에 따르면 우리가 그것에 집착하고 살기 때문에 삶이 늘 피곤하고 세상이 재미가 없다고 했다. 결국에는 경직된 얼굴로 웃음이 거의 없는 생활을 한다는 것이다. 오죽하면 외국 기자들이 한국 사람들은 모두 화난 사람 같다고 했을까!

그렇다면 어떻게 노는 것이 잘 노는 것일까? 모든 것이 뒤집어지도록 엄청 재미있어야 하는 것은 아니다. 우리는 일상생활 속에서 소소한 재미를 느낄 줄 알아야 한다. '재미'에 대한 잘못된 환상을 버리고 우리 스스로가 재미에 대한 개념을 다시 구체적으로 정의해야 한다. 음악을 들으며 한적한 둘레길을 산책한다거나, 아내와 괜찮은 포도주를 사서 맛을 음미하며 같이 마신다거나, 관심 있는 분야의 책을 보는 일이면 충분하다. 이러한 것들로 우리의 생각을 바꾸고 연습할 필요가 있다.

여든이 넘은 나이에도 청바지를 즐겨 입고 기타를 배우러 다니는 어른도 보았고, 색소폰을 함께 배워서 자원봉사를 하러 다니는 부부, 미술 학원에 그림을 배우러 다니는 할머니들도 많이 있다. 그 어른들은 표정이 항상 즐거워 보였고 얼굴이 환했다. 이런 분들이 세상을 재미있게 사는 것이 아닐까?

누군가 취미가 무엇이냐고 묻는다면 단순히 영화 감상, 독서, 여행이라 답하는 데 그치지 않고, 어떤 영화를 보고 어떤 책을 보고 어디로 여행을 가서 무엇을 하는지를 구체적으로 정의해야 한다. 그리고 그 맛을 음미해야 한다. 그냥 재미있는 것, 그냥 맛있는 것, 그냥 행복한 것이라고만 막연하게 정의하기 때문에 우리는 진짜로 재미있게 산다는 것이 무엇인지 모르고 산다.

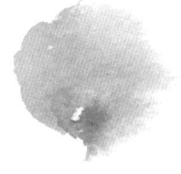

우리는 나팔을 손에 쥐었다

옛날에 전쟁에서 칼과 활과 창을 가지고 싸우던 시절이 있었다. 그때는 칼을 잘 휘두르는 군인이 많다고 해서 전쟁에서 승리하는 것도, 활과 창을 날렵하게 사용한다고 해서 꼭 승리하는 것도 아니었다. 용사들을 잘 먹일 취사병도 있어야 했고, 말이 빨리 달릴 수 있도록 말발굽을 잽싸게 바꿀 줄 아는 병사도 필요했다. 이런 병사들이 조화를 이루어야만 전쟁에서 승리할 수 있었다. 그중에서도 힘을 내라고 북을 치는 용사, 신바람 나게 징과 꽹과리를 치는 용사가 필요했고, 힘이 솟는 군가를 나팔로 신명 나게 불어대는 나팔수의 역할도 대단히 중요했다. 노인들을 상대로 상담을 할 때 많이 듣는 말이 있다.

"이 나이에 가진 것도 없고 힘도 없는데 무슨 애국을 하고 무슨 봉사를 하겠는가? 그냥저냥 살다가 가는 거지."

이런 이야기를 들을 때마다 어른들에게 해 드리는 이야기가 있다.

"어르신! 이제 정말로 나팔을 마음껏, 신나게 불 수 있는 나팔수가 되는 겁니다. 지금부터 가정과 사회를 위하여 마지막 봉사를 원 없이 해 보는 겁니다."

치열한 경쟁의 사회에서 힘들고 지쳐 있는 자녀들에게 이렇게 말해 주는 거다.

"그래, 얼마나 힘이 드니? 하지만 나는 네가 뭐든지 충분히 할 수 있다고 생각한다. 네가 처음 내 곁에 왔을 때 나는 얼마나 좋았는지 모른다. 너를 보면서 내가 늘 큰 희망을 가지게 되었단다."

"살다 보면 누구든지 어려움을 겪을 수 있다. 그러나 이런 어려움을 걸림돌로 생각하지 말고, 디딤돌로 여기고 새로 힘차게 다시 시작해 보자. 네가 충분히 해낼 수 있다는 걸 나는 믿는다."

공부에 지쳐 있는 손주들의 손에 곱게 접은 용돈을 쥐어 주면서 이렇게 말할 수도 있다.

"그래, 공부하느라 힘들지? 이거 가지고 있다가 먹고 싶은 것 사서 먹으렴!"

아이들에게 할아버지, 할머니의 이런 인자한 말 한마디가 곧 응원가가 되지 않겠는가? 힘들어하는 며느리의 어깨를 다독여 주며 "그래! 네가 우리 집에 들어오고 나서 우리 집안이 피기 시작했다는 걸 나는 안다! 조금 더 힘을 내 보자!"라고 말해 준다거나, 하루의 고된 일과를 마친 뒤 지친 몸을 이끌고 전철이나 버스를 탄 젊은이에게 자리를 선뜻 내어 주며 "젊은이, 많이 힘들지! 여기 앉아서 가게. 나는 지금까지 앉아와서 괜찮다네!"라고 말한다면, 이게 나팔수의 역할이 아니라고 누가 반문하겠는가?

몇 해 전에 몸이 불편하고 생활이 어려운 어르신들이 많이 사시는 아파트에서 자원봉사를 한 적이 있었다. 특별한 봉사는 아니었고 집에서 먹는 김치며 밑반찬을 가지고 가서 나누며 시시콜콜한 이야기를 들어 주고 같이 웃고 박수 쳐 주는 일이었다. 당시 거기에는 87세 되셨던 욕쟁이 할머니가 계셨다. 살아온 세월에 한이 얼마나 많았던지 말의 접속사 빼고는 처음부터 욕으로 시작해서 욕으로 끝내던 어르신이었다. 동네 사람들이 이 어른과 마주치지 않으려고 피해 다닐 정도였다.

2년 넘게 매주 방문하면서 할머니의 언어를 교정해 드렸다. 누구를 만나든 하루에 열 사람 이상의 주변 사람들에게 "복 받게도 생겼다. 거 참 인물이 참 좋게도 생겼네. 행복하게 잘 살 인상이야!"라고 말씀하시게 했다. 토요일에 한 번씩 방문했는데 그 이야기를 몇 번 하셨는지 구두로 확인하고, 그때마다 꾸준하게 작은 선물을 드렸다.

처음에는 욕쟁이 할머니가 이상해졌다고 수군거리던 동네 사람들이 6개월 정도가 지나서는 할머니에게 인사를 하기 시작했고, 할머니가 지나가면 경비 아저씨가 거수경례를 하기에 이르렀다. 그 이후 할머니의 주머니에는 늘 몇 개의 사탕이 들어 있었다. 만나는 사람마다 주기 위해서였다. 아무것도 가진 것이 없는 이 할머니가 나팔수의 역할을 한 것이 아니겠는가? 우리의 마음 속에서 우러나오는 진솔한 말로, 늘 긍정적인 말로 늘 희망을 말하는 것, 그것이 내가 주장하는 나팔수의 역할이다.

외국 속담에 노인 한 분을 잃으면 도서관 하나가 없어지는 것과 같다고 했다. 적극적이고 긍정적인 어른들의 경험과 지혜를 가정과 사회, 국가를 이끌어 나가는 소중한 제3의 자원으로 활용해야 한다.

노인 인구 1,000만 명의 시대가 도래한다. 우리 스스로가 나팔수의 역할을 감당하는 것이 애국이고 지역사회, 가정에서의 봉사고 꼭 해야 할 일이다. 자! 지금부터는 우리가 나팔수다!

경로당도 변화해야 한다!

고려 시대의 사랑방에서 유래된 경로당은 유일하게 우리나라에서만 볼 수 있는 사회적 공간이다. 그 당시 보통 양반들은 누각에서, 서민들은 정자에서 여가를 보냈다고 한다. 사랑방에서는 주로 문중 일을 논의하고 농사 관련 신변잡사에 관한 이야기와 생활의 정보교환이 주로 이루어졌다. 이러한 것들이 조금씩 변화하면서 집 안으로 들어오기 시작했고 노인들이 모여 있는 곳이라 해서 노인정이라는 개념이 생겼다.

우리나라에서는 1970년 도시계획사업법이 본격화되면서 정부에서 경로당에 예산을 투입하기 시작했고, 1997년 개정주택 개발법이 경로당 설치를 의무화했다. 우리 사회는 2000년 고령화 사회에 진입한 지 불과 17년 만인 2017년에 고령사회로, 2024년에는 초고령사회로 진입했다.

노인 여가 시설의 97%를 차지하는 경로당도 지금까지의 단순 여가 복지시설에서 복합적 기능을 겸비한 노인 복지시설로 변화해야 하는 것이 시대적 요구라고 해도 과언은 아닐 것 같다. 늘어난 노인복지 수요에 맞춰 어르신들이 가장 손쉽게 이용할 수 있는 경로당의 역할이 더욱 커지고 있다. 하루가 다르게 변화하는 사회와는 달리 현재 우리나라의 경로당은 운영 설계나 방법이 20~30년 전과 별로 달라진 것이 없어, 자칫 경로당의 존재 가치를 의심받을 여지도 있다. 어떤 것이든 변화하지 않으면 소멸할 수밖에 없다.

산업화의 주역이었던 노인들이 60여 년을 살아오면서 삶의 무기였고 기술이었던 생활 속의 지식을 모두 소진하고 이제 남은 것이 없다. 노인들이 사회적 경제적으로 위치를 잃어 가는 원인, 즉 역할과 존재감의 상실이 이런 이유 때문이라는 결론이 나올 수 있다. 노인들이 모든 면에서 새로 배우지 않으면 가정과 사회에서 이방인으로 살아갈 수밖에 없다는 이야기다.

경로당이 변해야 한다. 배움의 장소, 휴식, 건강관리, 봉사 장소로의 빠른 전환이 필요하다. 노인들이 재교육을 받을 마땅한 공간이나 시설로 경로당을 적극 활용해야 한다. 대안학교의 기능을 겸비한 거점 경로당도 절대적으로 필요하다. 노인들이 사회적으로 소외되는 원인 중의 하나가 정보의 소외다. 이유는 여러 가지가 있겠으나 노인들이 온라인으로 정보를 얻는 방법을 제대로 배울 곳이 없다. 이 문제를 해결하기 위해 경로당의 프로그램 개편과 함께 임원과 강사 양성이 꼭 필요하다.

얼마 전 경로당을 방문하였다가 전에 간호사로 일했던 경로당 회장 한 분이 회원들의 혈압과 혈당을 체크하여 자체적으로 만든 건강수첩에 기록해 주는 것을 보았다. 물론 아무나 할 수 없는 일이지만 이제는 경로당 회원들이 과거 다양한 직업들을 가지고 있었기 때문에 그러한 회원들을 활용하여 이런 관리도 가능해졌다.

경기도 부천시 소사지회에서 경로당 회원들을 중심으로 그라운드 골프 대회, 한궁 대회를 주최하고 경로당에서 '아파트 내 태극기 달기 운동'을 전개하여 지역사회에서 노인들의 위상을 높이는 데 기여한 사례는 우리 노인들도 얼마든지 가정과 사회에 봉사할 수 있는 일이 많다는 것을 입증하는 계기가 되었다.

미국의 사회심리학자 레이 올든버그Ray Oldenburg는 '제3의 장소'라는 개념을 처음으로 사용했다. 제3의 장소란 집도 사무실도 아닌 동네 카페, 쇼핑몰, 미용실 등 현대인이 머무는 또 다른 공간을 말한다. 산업화와 민주화, 정보화의 주역이었던 우리 노인들이 그동안 살아오면서 쌓였던 걱정과 근심, 스트레스 그리고 미래에 대한 불안을 해소하는 장소로 경로당이 활용되어야 한다.

이제 경로당은 노인들에게 아지트여야 한다. 필요 이상의 격식과 치열한 경쟁이 없는 곳, 마음 놓고 배우고 말할 수 있는 곳,

자유가 있고 서로 사랑을 나누는 장소로 거듭나는 것이 시대가 요구하는 경로당의 모습일 것이다.

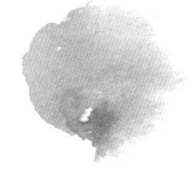

기댈 곳은 없다

현재의 노인 세대는 아마 가장 많은 변화를 경험한 세대일 것이다. 굶기를 밥 먹듯이 하다가 최초로 밥 세 끼를 정상적으로 먹기 시작한 세대이며, 고층 빌딩이 올라가는 것을 보고 그 안에서 근무한 첫 세대, 엘리베이터와 에스컬레이터를 처음 타 본 세대다. 초가집을 버리고 아파트에서 살기 시작한 첫 세대, 소달구지를 버리고 자가용을 운전하기 시작한 첫 세대, 스포츠센터에 다니면서 운동을 하기 시작한 첫 세대, 이전에는 꿈도 못 꾸던 세계여행을 다니기 시작한 한 첫 세대, 집에서 전화를 받기 시작한 첫 세대이고 스마트폰을 자유자재로 쓰기 시작한 첫 세대다. 민주주의를 경험한 첫 세대고 주판으로 계산하다가 계산기를 두드리고, 컴퓨터를 쓴 첫 세대이기도 하다. 현대사회를 여유 있게 즐기면서 살 수 있는 노인들은 환갑잔치를 포기한 첫 세대요, 요양원과 요양 병원을 다니기 시작한 첫 세대, 우리나라 역사상 며느리의 눈치를 보기 시작한 첫 세대, 의사 선생님을 가장 많이 만나는 첫 세대다. 참으로 다사다난한 시대를 살아왔다.

오늘 대한민국 노인들은 자녀들을 양육하는 책임을 졌고 또한 부모님을 모시는 마지막 세대가 될 것이다. 그런데 아마도 우리 자녀들은 부모를 책임지지 않을 것 같다. 자신의 노년을 철저하게 준비하지 않으면 낭패를 당할 수 있는 세대가 현재 우리나라에서 사는 노인들이다. 자식들이 나빠서가 아니라 세상을 사는 방법이 달라졌기 때문이다. 새로운 판단 기준과 가치 기준이 적용되는 '뉴 노멀New Normal'시대에 우리는 살고 있다.

이런 현실에서 노인들에게 가장 중요한 것은 노인 파산을 막는 것이다. 노인이 스스로 파산을 막기 위해서는 다 키운 자식에게 더 이상 물질적인 투자를 해서는 안 된다. 그러다가는 자칫 부모와 자식 두 세대가 같이 파산하는 일이 벌어지기 때문이다. 서로 손 벌리고 살지 않는 것이 중요하다. 젊어서 파산은 극복할 수 있는 시간이 있지만 늙어서 파산은 그렇지 않다. 이런 문제를 해결하지 못하면 모두가 비참한 말년을 살 수도 있다.

2024년 통계를 보면 OECD 국가 중 부모와 사는 캥거루족이 가장 많은 나라가 대한민국이다. 성인이 된 자녀 중 300만 명 이상이 여전히 부모에게 경제적 지원을 받으며 살고 있다는 보도를 본 적이 있다.

이런 젊은 사람들에게 노년을 의지하기를 기대한다는 것은 불가능한 일이 아닐 수 없다. 그래서 노인들은 자기 자신을 위해 원하는 소비를 하며 노년을 살아야 한다. 죽기 전 자신의 장례비만 남기고 죽는 것이 잘 사는 것임을 알아야 한다. 먹고 싶은 게 있으면 자식이 사 주기를 기다리지 말고 본인이 사 먹을 줄 알아야 한다.

그리고 또 하나 중요한 것이 건강관리다. 노인이 돼서 건강하게 사는 게 중요하다. 건강에 투자해야 한다. 병원에 수백만 원에서 수천만 원을 갖다주는 것보다 스포츠센터에 수십만 원을 내는 게 훨씬 낫지 않겠는가?

필자가 알고 있는 어느 정형외과 의사의 당부가 앞으로 절대로 넘어지지 말라는 것이었다. 노인들이 넘어지면 심각한 문제가 되는 것을 지켜봐 온 경험에서 나온 말이었다. 그러니 평소에 넘어지지 않기 위해서 자신을 잘 관리해야 한다. 젊음도 많은 준비를 한 후에 맞이했듯이 늙음 또한 준비하지 않으면 안 된다.

늙는 것보다 더 무서운 것은?

프랑스 작가 베르나르 베르베르Bernard Werber의 단편 〈황혼의 반란〉이라는 작품을 읽으면서 많은 생각을 하게 되었다. 프랑스에서 한 사회학자가 텔레비전 저녁 뉴스에 나와 정부의 재정 적자는 대부분 70세 이상의 노인들 때문이라는 말이 불씨가 되어 노인 배척 운동이 전국에 요원의 불길처럼 퍼졌다. 노인들이 젊은 이들의 일자리를 빼앗고 있다는 등의 유언비어도 전국에 퍼지기 시작하면서, 약삭빠른 정치꾼들은 노인 관련 예산을 대폭 깎고 제조업자들은 인공 심장 등 노인 관련 의료용품 생산을 대폭 줄였다. 급기야는 70세 이상의 노인들은 레스토랑 출입도 금지하기에 이르게 되었다.

얼마 후 정부는 '안락 버스'라는 뜻을 가진 CDPD 버스를 운영하여 노인들을 잡아 수용소에 격리하기로 결정했다. 힘이 남아 반항하는 노인들에게는 주사를 놓아 무기력하게 만드는 일도 서슴없이 자행했다.

이렇게 죽으나 저렇게 죽으나 죽음을 각오한 노인들이 지옥 같은 수용소를 탈출하기 위해 버스를 탈취하여 길을 떠난다. 얼마 후 다른 수용소에서도 탈출한 노인들이 합세하여 그룹을 이루고 그들만의 아지트를 만들어 게릴라 활동을 하면서 다른 수용소에 갇혀 있는 노인들을 구출하고 "우리도 열심히 일할 수 있다."라는 호소문을 사회 곳곳에 배포했다.

경찰과 CDPD 요원들은 노인들의 단합체를 반란군으로 규정하고 그들을 공격하고 잡아들이기 시작했다. 노인들의 단체가 급속도로 커지면서 다양한 노인들이 리더가 되어 그 전력이 만만치 않게 되고 정부군까지 투입되어 노인들을 무자비하게 소탕하기 시작하면서 많은 노인들이 비참하게 죽어 갔다. 이 소설의 주인공인 프레드는 마지막으로 CDPD 요원에게 체포되고 주사를 맞고 죽기 직전에 자신에게 주사를 놓은 요원의 눈을 차갑게 쏘아보면서 이렇게 말했다.

"너도 언젠가는 늙은이가 될 게다."

책을 읽은 지 오랜 시간이 지났지만 쉽게 잊히지 않는 말이다. 초고령화 사회의 도래에 따라 우리나라도 노인들을 위한 사회적 비용의 규모가 상대적으로 커질 수밖에 없다. 국가의 입장에서 볼 때 부담스러울 수밖에 없다.

우리가 서럽지 않고 안전하게 오래 살기 위해서는 필수적으로 4대 장수 리스크를 해결해야만 한다. 준비되지 않은 장수는 축복이 아니라 재앙일 뿐이다. 첫째가 '유병장수'다. 아무리 지위가 높고 돈이 많아도 건강하지 못하면 천덕꾸러기가 될 수밖에 없다. '긴 병에 효자 없다'라는 한국 속담이 있다. 몸이 아프면 삶의 질이 떨어진다. 아프면서 오래 산다는 것은 아무런 의미가 없다. 오래 살려면 건강하게 사는 것이 더 중요하다.

둘째로 '무전장수'다. 가지고 있는 재산을 모두 자식들에게 물려주고 몇 년 지나서 비참하게 사는 노인들을 볼 수 있다. 우리나라의 2021년 노인 빈곤율이 43.4%로 OECD 가입국 중 1위를 기록했으며, 이는 회원국 평균(15.3%)보다 3배 가까이 높은 수치로 나타났다. 자식에게 주어서 나쁠 것은 없지만 본인의 기본적인 품위를 유지하고 조금 남길 돈은 남겨야 할 것이다.

세 번째로 '무업장수'다. 사람에게 할 일이 없다는 것만큼 비참한 것은 없다. 일을 해야 한다는 것이 꼭 경제적 이익을 얻어야 한다는 말은 아니다. 60세 이후의 삶을 여생으로 받아들이지 않고 자기 주도적으로 일하며 의미 있는 일을 찾아 열심히 사는 노인들을 '액티니어(액티브+시니어)'라고 한다.

넷째가 '독거장수'다. 나이가 들었다고 해서 집에서만 칩거하며 대외활동을 기피하면 정신과 육체 모두가 병들 수 있다. 오랫동안 가까이 할 수 있는 사람이 있어야 한다. 가족, 친구가 없이 먼 산만 바라보며 60대 은퇴 후 30여 년을 혼자 살아야 한다는 것은 끔찍한 일이 아닐 수 없다.

　노인이라고 해서 무조건 사회에 기대려 하기보다 끝까지 가정과 사회를 책임지고 기여하는 주체가 되어야 한다. 나이가 들어간다는 것은 늙는 것이 아니라 익어 가는 과정이라고 했다. 우리가 정말로 두려워해야 할 것은 늙음이 아니라 아무 대책 없이 하루하루 무의미하게 살아가는 녹슨 생각이다.

새 시대 새 교육

'축록자불견산逐鹿者不見山'이란 말은 중국 고전으로 전해 오는 말로, 사슴을 쫓는 것에 눈이 팔리면 산을 보지 못한다는 뜻이다. 돈과 권력을 탐해 욕심을 내세우면 곧 자신의 앞을 밝혀 주는 진리가 가려져 오로지 탐욕에만 눈이 어두워진다는 것을 빗댄 말이기도 하다. 모름지기 큰일을 이루려는 사람은 바로 눈앞에 보이는 작은 것에 눈을 팔아서는 안 된다는 교훈을 주는 말이다.

요즘 뉴스를 보기가 무섭다. "세상에 어떻게 저런 일이 있을 수 있나!"라고 가슴을 쓸어내리게 하는 사건과 사고가 하루가 멀다 하고 벌어지고 있다. 백주에 지나가는 사람을 아무 이유 없이 무차별 폭행하고 아무 죄의식 없이 '묻지마 범죄'를 저지르는 파렴치범이 있는가 하면, 학생이 교사를 폭행하고, 보험금을 타서 유흥비에 쓰려고 부모나 가족을 아무 죄의식 없이 죽이는 사람도 있다. 참으로 걱정된다.

내 눈에 지금 우리 사회는 기형적인 사회로 보인다. 선진국의 역사를 볼 때, 성장의 순서가 산업화 그다음에 민주화, 선진화로 이어진 반면 우리나라는 산업화와 민주화를 50~60년 동안 동시에 이룩한 세계에서 유일한 나라다.

그런데 분명한 것은 그 안에 매몰된 것이 있었다. 우리는 그동안 사슴만 쫓다 보니 그 뒤의 산을 보지 못했다. 오로지 앞만 보고 달리다 보니 정신, 즉 도덕, 선과 악, 옳고 그름을 구별하지 못하는 민족이 돼 버렸다. 선진화의 문턱에서 주저앉은 꼴이 되고 말았다. 우리 사회는 지금 가혹한 성장 후유증을 앓고 있다.

특히 우리나라 학교 교육에서 국어, 국사, 도덕, 사회생활, 윤리가 실종됐다. 사람이 건강을 유지하기 위해서는 필수 3대 영양소인 단백질, 탄수화물, 지방을 골고루 섭취해야 한다. 어느 하나라도 부족하면 정상적으로 성장할 수 없다. 요즘 초등학교 아이들이 3·1절을 "삼 점 일절"이라고 읽는다거나, 육군사관학교 생도가 6·25 전쟁이 북침으로 시작되었다고 해서 주위 사람들을 놀라게 했다는 말을 들었다.

무엇이 문제인가? 우리는 그동안 후손들에게 무엇을 가르쳤는가? 솔직히 말하면 경제적 부富에 눈이 어두워져 국가의 백년대계를 보지 못하고 자식들을 제대로 가르치지 못한 결과가 이제 사회 모든 분야에서 터져 나오기 시작한 것이다. 가난의 서러움이 얼마나 컸으면 기본적인 인성 교육보다 먼저 "다른 것 생각하지 말고 너희들은 오로지 공부만 하여 이다음에 떵떵거리고 살아라!"라고 교육했겠는가! 사회 각지에서 터져 나오는 부작용은 사실 올바른 교육의 부재에서 시작됐다고 본다.

하버드 대학교의 교육 과정을 보면 1~2학년 때는 인문학 강의를 통해 가혹하리만큼 용감함, 강인함, 독립적 사고력, 겸손함, 자애, 부지런함을 훈련시킨다고 한다. 이 과정에서 탈락하지 않으려고 학생들이 밤을 새워 공부한다고 한다. 그리고 그 바탕 위에 전공 교육을 시킨다는 말을 들었다. 그 과정을 거친 인재들이 사회의 각 분야에서 리더 역할을 수행한다.

우리도 새로 시작해야 한다. 그동안 배고픔을 극복하기 위해, 약자의 서러움을 극복하기 위해 생략했던 기본적인 교육을 지금부터라도 새로 해야 한다. 인성교육을 먼저 시작해야 한다. 다시 우리의 역사를 가르치고, 선과 악을 구별하는 윤리가 무엇인가, 무엇이 진정한 행복인가를 가르치는 새로운 교육이 필요하다. 이러한 것들이 선행되지 않는 한 우리의 미래는 없다. 모든 것을 원점에서 새로 시작해야 한다. 지금이 바로 시작할 때다.

노년이라는 예술 작품

지금은 60세부터 75세까지를 신중년新中年이라 하고 80세부터를 초로장년初老長年이라고 부른다. 그런데 말로만 신중년, 장년이면 무엇 하나? 그에 걸맞은 매력적인 포인트가 있어야 하지 않겠는가?

매력 자본Erotic Capital이란 말이 있다. 런던 정치경제대학교의 교수였던 캐서린 하킴Catherine Hakim이 만든 개념인데, 매력은 또 다른 능력이요 경쟁력이라고 말했다. 그녀가 말하는 매력은 잘생긴 외모만을 뜻하는 것은 아니다. 남다른 유머 감각, 활력, 세련됨, 상대를 편하게 하는 기술, 다른 사람에게 호감을 줄 수 있는 테크닉을 가리킨다. 이러한 기술은 나이가 들었다고 쇠퇴하지 않고 오히려 더욱 빛이 날 수도 있다. 이것이 경륜이고 나이듦의 지혜와 여유, 중후함이다. 우리가 나이가 들어간다는 것은 우리 스스로가 선택할 사항이 아니다. 그러나 우리가 노년을 어떻게 보낼 것인가는 우리가 선택할 수 있다. 세상을 떠나는 날까지 매력적으로 살 것인가, 추하게 살 것인가를 말이다. 우리가 매력적으로 살기 위해서는 몇 가지 갖추어야 할 것이 있다.

첫째, 늘 환하게 웃는 모습이어야 한다. 갓 태어난 아이는 하루에 400여 번 웃는 표정을 짓는다고 한다. 그래서 어린아이가 한없이 예쁘고 행복해 보이는 것이다. 나이가 들어 갈수록 제일 먼저 잃어버리는 것이 웃음이고 늘어나는 것이 주름이다. 어디서 보아도 나이가 든 사람의 환한 웃음은 상대방을 편안하게 하고 친밀감을 갖게 하는 마력이 있다. 웃자! 자주 웃자! 그리고 늘 웃고 살자!

둘째, 이것저것 굳이 따지지 말아야 한다. 나이가 들면서 무슨 일이든지 쉽게 넘어가는 법이 없는 사람이 있다. 참 보기 민망하고 흉한 일이다. 불평불만은 사람들의 눈살을 찌푸리게 한다. 그런 사람들은 어디를 가더라도 모든 것이 눈에 거슬리게 보인다. 마음에 여유를 가져야 한다. 웬만한 것은 양보하고 그냥 웃어 넘겨야 한다. 그래야 품위가 있어 보인다.

셋째, 하지 말아야 할 것과 해야 할 것을 구분해야 한다. 나이를 먹었다는 것이 사회적 계급이라고 할 수 없다. 하고 싶은 말이 있더라도 꼭 필요하지 않은 말은 하지 말아야 한다. 그리하여 자연스럽게 품격이 드러나야 한다.

넷째, 오늘을 만끽해야 한다. '왕년에 내가…'로 시작하는 말을 하지 말아야 한다. 또 미래도 미리 걱정하지 말아야 한다. 나이 든 사람에게는 내일이 없다. 오늘 최선을 다하고 오늘을 즐겨야 한다. 그래야 멋져 보인다. 미국의 유일한 4선 대통령인 프랭클린 루스벨트의 퍼스트레이디인 엘리너 여사가 남긴 명연설문의 한 구절이다.

"아름다운 젊음이란 우연한 자연 현상이겠지만 아름다운 노년은 그 누구도 쉽게 빚을 수 없는 예술 작품이다. 어제는 역사, 내일은 미스터리이며 오늘은 선물이다."

장수가 축복이 되려면

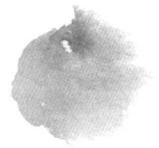

100세 이상 된 어르신들을 매년 20여 분씩 10년 넘게 뵙고 대화할 기회가 있었다. 기관에 들어온 100세 어르신들에게 드리는 선물을 전달하는 과정에서다. 흔히 노인들에게 "100세까지 건강하게 사세요."라고 말한다. 그런데 나는 시간이 갈수록 과연 '100세 넘게 사시는 것이 꼭 행복이고 축복일까?'라는 의문이 생기기 시작했고 오히려 시간이 갈수록 이건 재앙이 될 수도 있다는 생각이 들었다.

100세 넘은 어르신들에게는 공통점이 몇 가지 있었다. 첫 번째는 자식을 앞세웠다는 아픔이었다. 아이를 많이 낳던 시절에 사신 분들이라 자녀가 여럿 있지만 그중 몇 명은 먼저 부모 곁을 떠났다. 어느 부모가 자식을 먼저 떠나보내고 행복하게 지낼 수 있을까? 게다가 100세 어르신은 그 자녀도 일흔이 넘은 노인이다. 자식들도 자기 몸 거두기 버거운 터라 100세 어르신은 자식들이 챙겨 주기를 기대하기도 어렵다.

두 번째는 100세 이상 어르신은 다 몸이 아프지만 병원에 가도 특별한 치료 방법도 없고 특별한 약도 없다는 것이다. 누워서 죽을 날을 기다리고 있는 분들이 대다수였다. 눈과 귀가 어두워진 분들이 많았고 제대로 걷는 분도 드물었다.

세 번째는 생활이 빈곤하다는 것이었다. 그 어른들은 먹고살기 힘든 세대를 지나온 사람들이다. 값싼 요양 시설에 계시거나 집에 누워 있는 분들이 많았다. 최근에는 국가와 지자체에서 '어르신 통합 돌봄' 시스템을 구축했다고는 하지만 여러모로 어려운 현실이다. 또한 어르신을 모시고 있거나 요양 비용을 부담하는 가족들은 주로 자녀가 아니라 손자나 손부, 조카 등 친척들이었다. 어르신을 돌보면서 보람과 행복을 느끼는 친척은 보기 어려웠다. 그들은 지쳐 있었다.

십수 년 전부터 인연을 맺어 온 윤경로 어르신을 옆에서 보필하면서, 남의 도움 없이 장수하려면 어떻게 살아야 하는가에 대한 해답을 나름대로 찾을 수 있었다. 우선 잠시도 가만히 계시지를 않았다. 윤경로 어르신은 300여 평의 유휴지 텃밭을 개간하여 상추, 토마토, 오이, 가을배추 등을 심어 관내의 어려운 시설과 독거노인들을 지원하는 봉사를 20여 년 동안 하셨다. 맨드라미, 채송화 등을 심은 텃밭을 지역 어린이들의 자연 학습장으로 활용하게 하기도 했고 봄에는 작은 화분을 500여 개 만들어 어린이들의 손에 들려 보냈다. 이로 인해 지역 주민들의 존경을 받게 되고 지역신문에서 취재를 나오기도 했다. 올해도 어르신은 성주산 등반길 옆 텃밭에서 여름 채소를 정성스럽게 가꾸고 계신다.

어르신은 늘 베풀며 사셨다. 상당히 낙천적이고 매사 긍정적이시다. 딱 필요한 말만 하고, 과묵하셨다. 남을 평가하거나 남의 단점 등을 지적하시는 것을 한 번도 본 적이 없었다. 평생 약을 먹어 본 적이 없다고 하셨고 지금도 성주산에 올라 냉수마찰과 건포마찰을 하신다. 술과 담배는 애초부터 배우시지 않았다고 하셨고 젊은 시절에는 국토를 종단하는 기차의 기관사로 일하셨다고 한다. 92세 때 가나안농군학교를 개교 이래 최고령자로 수료하셨고 지금도 가을 농사가 끝나면 지인들과 여행을 다니신다.

지금도 그 어른 옆에 가면 그분의 겸손에 저절로 고개가 숙여진다. 누구를 만나든 먼저 인사를 건네신다. 그 어른에게서 가식이라는 것을 찾아볼 수 없었다. 지금까지 살아오시면서 남들과 얼굴 붉힌 적이 없다고도 했다. 100마디 말보다 윤경로 어르신의 모습에서 우리는 100세 시대에 바람직하게 나이 드는 방법을 배울 수 있다.

나이가 들었다는 착각

초판 1쇄 발행 2025년 3월 31일

지 은 이   이병민
펴 낸 이   김동하

펴 낸 곳   책들의정원
출판신고   2015년 1월 14일 제2016-000120호
주   소   (10881) 경기도 파주시 산남로 5-86
문   의   (070) 7853-8600
팩   스   (02) 6020-8601
이 메 일   books-garden1@naver.com

ISBN   979-11-6416-246-8 (03190)

이 책은 저작권법에 따라 보호받는 저작물이므로 무단 전재와 무단 복제를 금합니다.
잘못된 책은 구입처에서 바꾸어 드립니다.
책값은 뒤표지에 있습니다.

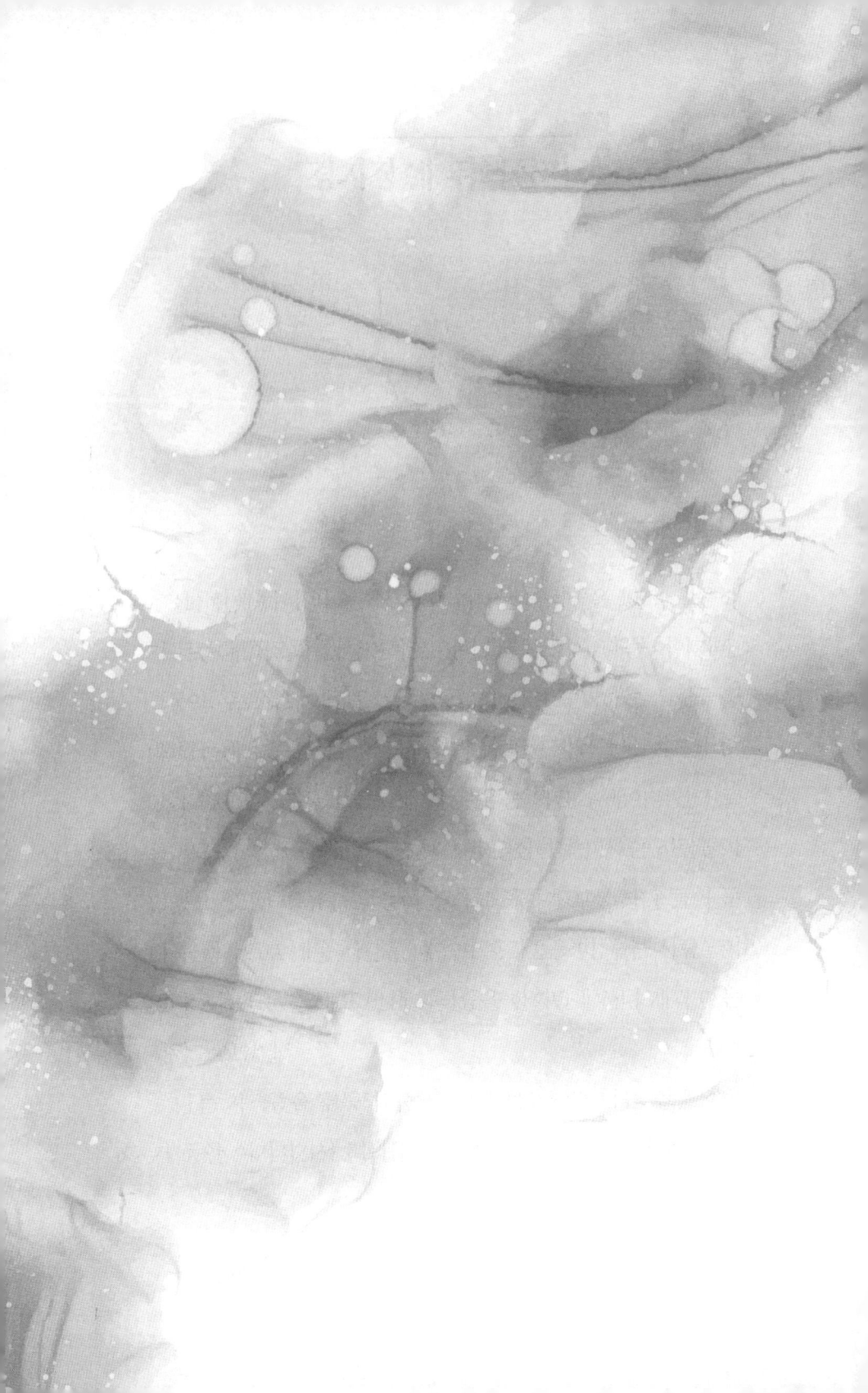

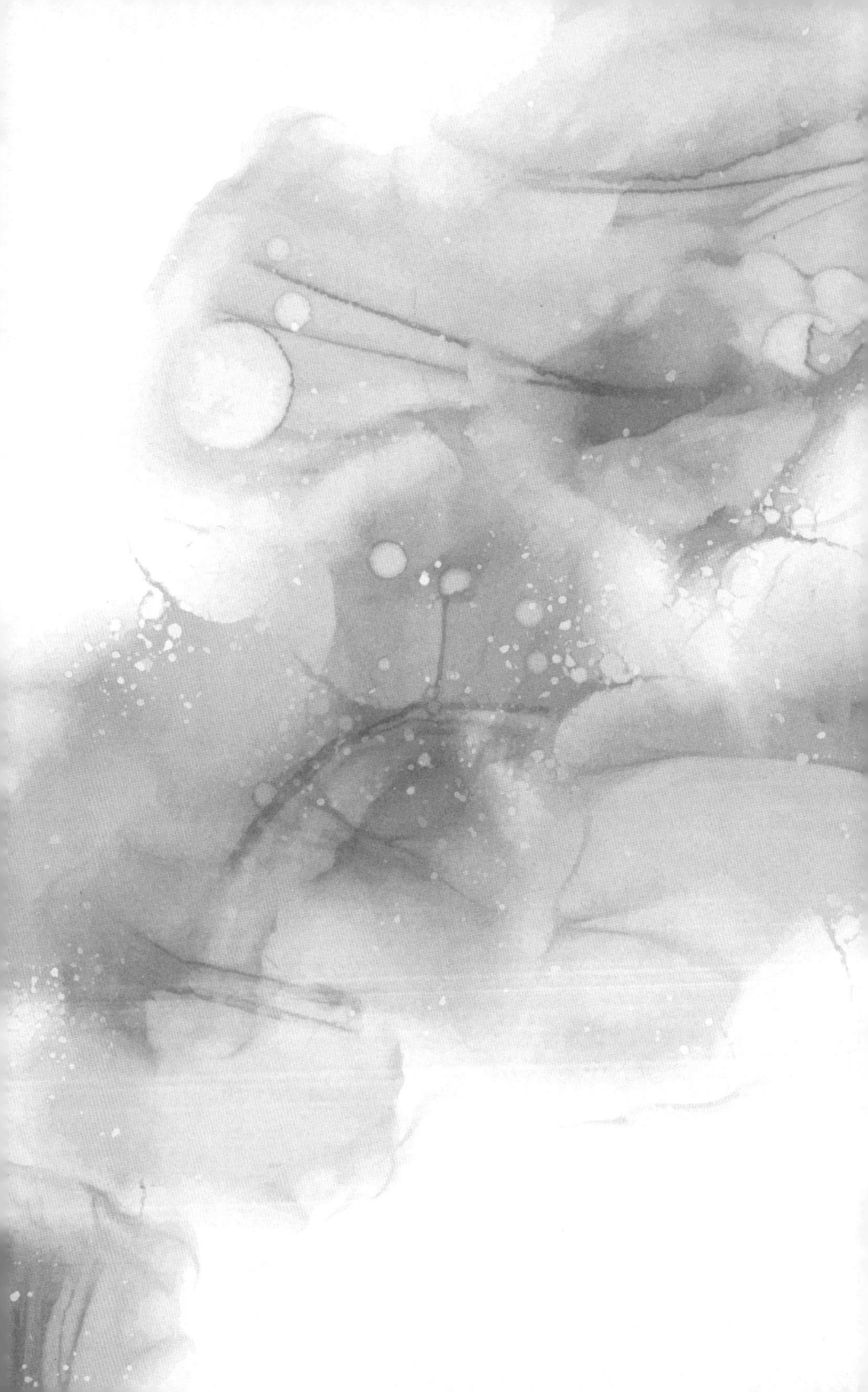